Les Fables d'Ésope

ISBN 978-1979302593

Le Coq et la Pierre précieuse

Un Coq en grattant un fumier, y trouva par hasard une Pierre précieuse; il la considéra pendant quelque temps, et dit avec une espèce de mépris :

– De quoi me peut servir une chose si belle et si brillante ? Elle serait bien mieux entre les mains d'un Lapidaire qui en connaîtrait le prix, et l'usage qu'il en faut faire. Mais pour moi qui n'en puis retirer aucune utilité, je préférerais un seul grain d'orge à toutes les Pierres précieuses du monde.

Le loup qui devint berger

Un loup, trouvant que les moutons avaient trop peur de lui pour qu'il puisse les attraper se déguisa en berger et pu ainsi approcher le troupeau. Comme il s'avançait, il trouva le berger assoupi. Comme les brebis ne se sauvaient pas, il se résolut à imiter la voix du berger. Ce faisant, il poussa seulement un hurlement qui réveilla le berger.

Comme il ne peut s'enfuir, il fut tué par le berger.

Ceux qui tentent de faire quelque chose en se déguisant sont enclins à en faire trop.

Le Loup et l'Agneau

Un Loup buvant à la source d'une fontaine, aperçut un Agneau qui buvait au bas du ruisseau ; il l'aborda tout en colère, et lui fit des reproches de ce qu'il avait troublé son eau.

L'Agneau, pour s'excuser, lui représenta qu'il buvait au-dessous de lui, et que l'eau ne pouvait remonter vers sa source.

Le Loup redoublant sa rage, dit à l'Agneau qu'il y avait plus de six mois qu'il tenait de lui de mauvais discours.

– Je n'étais pas encore né, répliqua l'Agneau.

Il faut donc, repartit le Loup, que ce soit ton père ou ta mère.

Et sans apporter d'autres raisons, il se jeta sur l'Agneau et le dévora, pour le punir (disait-il) de la mauvaise volonté et de la haine de ses parents.

Le Rat et la Grenouille

Dans le temps que la guerre était allumée entre les Grenouilles et les Rats, une Grenouille fit un Rat prisonnier, et lui promit de le traiter favorablement.

Elle le chargea sur son dos pour faire le trajet d'une rivière qu'elle était obligée de passer pour rejoindre sa troupe.

Mais cette perfide se voyant au milieu du trajet, fit tous ses efforts pour secouer le Rat et pour le noyer. Il se tint toujours si bien attaché à la Grenouille, qu'elle ne put jamais s'en défaire.

Un oiseau de proie les voyant se débattre de la sorte, vint tout à coup fondre dessus, et les enleva pour en faire sa proie.

Le Cerf et la Brebis

Un Cerf accusa une Brebis devant un Loup, lui redemandant un muid de froment. Elle ne lui devait rien.

Cependant le Loup la condamna à payer ce que le Cerf lui demandait ; elle promit de satisfaire et d'exécuter la sentence au jour marqué.

Quand le temps du paiement fut échu, le Cerf en avertit la Brebis. Elle protesta contre la sentence, et dit qu'elle ne payerait pas, ajoutant que si elle avait promis quelque chose, ce n'était que par la seule crainte du Loup son ennemi déclaré, et qu'elle n'était nullement obligée de payer ce qu'elle ne devait pas, puisqu'elle ne l'avait promis que par force.

Le Chien et son Image

Un Chien traversant une rivière sur une planche, tenait dans sa gueule un morceau de chair, que la lumière du Soleil fit paraître plus gros dans l'eau, comme c'est l'ordinaire.

Son avidité le poussa à vouloir prendre ce qu'il voyait, et il lâcha ce qu'il portait, pour courir après cette ombre.

C'est ainsi que sa gourmandise fut trompée, et il apprit à ses dépens qu'il vaut mieux conserver ce que l'on possède, que de courir après ce qu'on n'a pas.

Le Lion allant à la chasse avec d'autres bêtes

Un Lion, un Âne et un Renard étant allés de compagnie à la chasse, prirent un Cerf et plusieurs autres bêtes.

Le Lion ordonna à l'Âne de partager le butin ; il fit les parts entièrement égales, et laissa aux autres la liberté de choisir.

Le Lion indigné de cette égalité, se jeta sur l'Âne et le mit en pièces. Ensuite il s'adressa au Renard, et lui dit de faire un autre partage ; mais le Renard mit tout d'un côté, ne se réservant qu'une très petite portion.

– Qui vous a appris, lui demanda le Lion, à faire un partage avec tant de sagesse ?

– C'est la funeste aventure de l'Âne, lui répondit le Renard.

Le Loup et la Grue

Un Loup s'étant enfoncé par hasard un os dans la gorge, promit une récompense à la Grue, si elle voulait avec son bec retirer cet os, dont il se sentait incommodé.

Après qu'elle lui eut rendu ce bon office, elle lui demanda le salaire dont ils étaient convenus.

Mais le Loup avec un rire moqueur et grinçant les dents :

– Contentez-vous, lui dit-il, d'avoir retiré votre tête saine et sauve de la gueule du Loup, et de n'avoir pas éprouvé à vos dépens combien ses dents sont aiguës.

Le Laboureur et le Serpent

Un Laboureur trouva dans la neige une Couleuvre transie de froid ; il l'emporta dans son logis et la mit auprès du feu.

Mais quand elle se sentit réchauffée, et qu'elle eut repris ses forces, elle se mit à répandre son venin par toute la maison.

Le Laboureur irrité d'une ingratitude si noire, lui fit de grands reproches, et ajoutant l'effet aux menaces, il prit une cognée pour couper en mille morceaux le Serpent ingrat qui rendait le mal pour le bien, et qui voulait ôter la vie à son bienfaiteur.

Le Cerf à la Mare

Un cerf vit son reflet dans l'eau d'une mare, et admira grandement la taille de ses bois, mais fut contrarié d'avoir des pieds si fins.

Alors qu'il était en train de se contempler, un lion apparu près de la mare.

Le cerf bondit et se mit en sécurité à bonne distance du lion, jusqu'à ce qu'il entrât dans la forêt et fut retenu par ses cornes dans les branches.

Le lion bondit sur lui et l'attrapa. Bien que trop tard, il se reprocha : - Malheur ! Comme je me déçois ! Ces pieds que je méprisais m'ont sauvé, et je glorifiais ces bois qui ont causé ma perte.

Ce qui est vraiment précieux est souvent sous-estimé.

Le Rat de Ville, et le Rat de Village

Un Rat de Ville alla un jour faire visite à un Rat de campagne de ses amis, qui lui donna un repas frugal composé de racines et de noisettes.

Après le repas, le Rat de Ville prit congé de son hôte, qui lui promit de l'aller voir à son tour.

On le régala magnifiquement de confitures et de fromages ; mais le repas fut souvent interrompu par les valets de la maison, qui allaient et qui venaient de tous côtés, et qui causèrent de mortelles alarmes au Rat de Village ; de sorte que saisi de crainte, il dit au Rat de Ville qu'il préférait un repas frugal fait en repos et en liberté, et la pauvreté du Village, à la magnificence des Villes, et à une abondance pleine d'inquiétudes et de dangers.

De l'Aigle et de la Corneille

Un Aigle voulant manger une huître, ne pouvait trouver moyen, ni par force, ni par adresse, de l'arracher de son écaille.

La Corneille lui conseilla de s'élancer au plus haut de l'air, et de laisser tomber l'huître sur des pierres pour la rompre.

L'Aigle suivit ce conseil. La Corneille qui était demeurée en bas pour en attendre l'issue, voyant qu'il avait réussi, se jeta avidement sur le poisson qu'elle avala, ne laissant à l'Aigle que les écailles pour le prix de sa crédulité.

Le Sanglier et l'Âne

Un Âne ayant rencontré par hasard un Sanglier, se mit à se moquer de lui et à l'insulter ; mais le Sanglier frémissant de courroux et grinçant les dents, eut d'abord envie de le déchirer et de le mettre en pièces.

Ensuite faisant aussitôt réflexion qu'un misérable Âne n'était pas digne de sa colère et de sa vengeance :

– Malheureux, lui dit-il, je te punirais sévèrement de ton audace, si tu en valais la peine ; mais tu n'es pas digne de ma vengeance. Ta lâcheté te met à couvert de mes coups, et te sauve la vie.

– Après lui avoir fait ces reproches, il le laissa aller.

L'Aigle et le Renard

Une Aigle et un Renard ayant fait société ensemble, convinrent, pour serrer plus étroitement les nœuds de leur amitié, de demeurer l'un auprès de l'autre. L'Aigle choisit un arbre fort élevé pour y faire son nid. Le Renard se creusa une tanière au pied de l'arbre, et il y mit ses petits. Étant un jour sorti pour aller leur chercher la proie, l'Aigle pressée de la faim vint fondre sur les petits du Renard, dont elle fit faire curée à ses Aiglons.

Le Renard étant de retour, et voyant la perfidie de sa voisine, fut moins attristé du malheur de ses petits, que du désespoir d'être hors d'état d'en tirer vengeance, parce qu'il ne pouvait s'élever dans l'air pour poursuivre son ennemie. Se tenant donc à l'écart, il donnait à l'Aigle mille imprécations, ne pouvant se venger autrement de sa perfidie. Peu de temps après, quelques-uns immolèrent une chèvre, qu'ils firent brûler dans un champ voisin.

L'Aigle vint fondre dessus, et enleva une partie de la victime qu'elle porta dans son nid, avec quelques charbons ardents qui y mirent le feu. Le vent venant à souffler avec impétuosité, les aiglons qui n'avaient point encore de plumes, tombèrent au pied de l'arbre. Le Renard y accourut, et les dévora tous à la vue de l'Aigle.

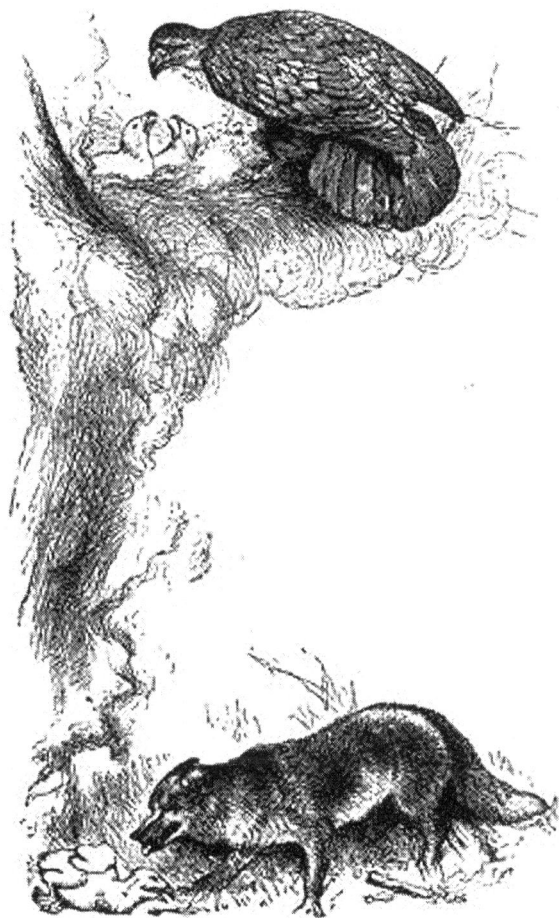

Le Corbeau et le Renard

Un Corbeau s'était perché sur un arbre, pour manger un fromage qu'il tenait en son bec. Un Renard qui l'aperçut, fut tenté de lui enlever cette proie. Pour y réussir et pour amuser le Corbeau, il commença à le louer de la beauté de son plumage.

Le Renard voyant que le Corbeau prenait goût à ses louanges :

– C'est grand dommage, poursuivit-il, que votre chant ne réponde pas à tant de rares qualités que vous avez.

– Le Corbeau voulant persuader au Renard que son chant n'était pas désagréable, se mit à chanter, et laissa tomber le fromage qu'il avait au bec.

C'est ce que le Renard attendait. Il s'en saisit incontinent, et le mangea aux yeux du Corbeau, qui demeura tout honteux de sa sottise, et de s'être laissé séduire par les fausses louanges du Renard.

Le Lion cassé de vieillesse

Le Lion dans sa jeunesse abusant insolemment de sa force, et de l'ascendant qu'il avait sur les autres animaux, se fit plusieurs ennemis.

Quand ils le virent usé et affaibli par les années, ils résolurent de concert de tirer vengeance de ses cruautés, et de lui rendre la pareille.

Le Sanglier le meurtrissait avec ses défenses ; le Taureau l'attaquait avec ses cornes.

Mais l'affront le plus sensible au Lion, était les coups de pied que l'Âne, le plus vil et le plus méprisable de ses ennemis, lui donnait en l'insultant.

L'Âne et le Chien

Le Chien flattait son Maître, et le Maître y répondait en le caressant de son côté.

Ces caresses réciproques donnèrent de la jalousie à l'Âne, qui était maltraité et battu de tous ceux de la maison.

Ne sachant quelles mesures prendre pour soulager sa misère, il s'imagina que le bonheur du Chien ne venait que des caresses qu'il faisait à son Maître, et que s'il le flattait aussi de la même sorte, on le traiterait comme le Chien, et qu'on le nourrirait de même de viandes délicates.

Quelques jours après, l'Âne ayant trouvé son Maître endormi dans un fauteuil, voulut venir le flatter, et lui mit les deux pieds de devant sur les épaules, commençant à braire, pour le divertir par une mélodie si harmonieuse.

Le Maître réveillé par ce bruit, appela ses Valets, qui chargèrent l'Âne de coups de bâton, pour le récompenser de sa civilité, et des caresses trop rudes qu'il avait faites à son maître.

Le Lion et le Rat

Un Lion fatigué de la chaleur, et abattu de lassitude, dormait à l'ombre d'un arbre. Une troupe de Rats passa par le lieu où le Lion reposait ; ils lui montèrent sur le corps pour se divertir.

Le Lion se réveilla, étendit la patte, et se saisit d'un Rat, qui se voyant pris sans espérance d'échapper, se mit à demander pardon au Lion de son incivilité et de son audace, lui représentant qu'il n'était pas digne de sa colère.

Le Lion touché de cette humble remontrance, lâcha son prisonnier, croyant que c'eût été une action indigne de son courage de tuer un animal si méprisable et si peu en état de se défendre.

Il arriva que le Lion courant par la forêt, tomba dans les filets des chasseurs ; il se mit à rugir de toute sa force, mais il lui fut impossible de se débarrasser.

Le Rat reconnut aux rugissements du Lion qu'il était pris. Il accourut pour le secourir, en reconnaissance de ce qu'il lui avait sauvé la vie. En effet, il se mit à ronger les filets, et donna moyen au Lion de se développer et de se sauver.

L'Hirondelle et les autres Oiseaux

Lorsque la saison de semer le lin fut venue, l'Hirondelle voulut persuader aux autres Oiseaux de faire tous leurs efforts pour s'opposer à cette semaille, qui devait leur être si funeste.

Les autres Oiseaux se moquèrent de ses conseils, lui disant qu'elle s'alarmait mal à propos.

Quand le lin fut prêt à sortir de terre, elle leur conseilla de l'arracher ; ils n'en voulurent rien faire, et ne s'inquiétèrent nullement de ses avis.

Lorsque l'Hirondelle vit que le lin commençait à mûrir, elle les exhorta à piller les blés ; mais ils ne s'en mirent pas en peine. L'Hirondelle voyant que ses remontrances étaient inutiles, se sépara des autres Oiseaux, et rechercha le commerce des hommes avec qui elle fit amitié. Depuis ce temps-là elle habite dans les maisons, elle y fait son nid, on l'y laisse vivre en repos, et l'on se sert du lin pour faire des filets, et pour tendre des pièges aux autres Oiseaux.

Les Grenouilles et leur Roi

Les Grenouilles jouissant d'une parfaite liberté, prièrent Jupiter de leur donner un Roi pour les gouverner ; mais Jupiter se moqua d'une demande si ridicule.

Les Grenouilles ne se rebutèrent point de ce refus, elles sollicitèrent Jupiter avec plus d'empressement ; il se rendit à leur importunité ; il jeta dans leur étang une grosse souche de bois qui fit trembler tout le marais, par le bruit qu'elle fit en tombant.

Les Grenouilles épouvantées gardaient le silence sans oser paraître ; elles abordèrent cependant ce nouveau Prince pour le saluer et pour lui faire leur cour.

Quand la crainte fut entièrement dissipée, elles s'apprivoisèrent tellement, qu'elles se mirent toutes à sauter sur le dos de leur Roi, et à se moquer de lui, disant qu'il n'avait ni mouvement, ni esprit. Elles ne purent se résoudre à recevoir cette souche pour leur Roi : elles retournèrent donc vers Jupiter pour le prier de leur en donner un autre qui eût plus de mérite.

Jupiter écouta la prière des Grenouilles, et leur donna pour les gouverner une Cigogne.

Ce nouveau Roi se promenant sur les bords de leurs marais, pour leur faire montre de son courage, en dévora autant qu'il en trouva à sa bienséance.

Les Grenouilles alarmées de ce mauvais traitement, présentèrent une nouvelle plainte à Jupiter, qui ne voulut point entendre parler de cette affaire.

Depuis ce temps-là elles ont toujours continué à se plaindre et à murmurer ; car vers le soir, lorsque la Cigogne se retire, les Grenouilles sortent de leurs marais, en exprimant dans leur croassement une espèce de plainte ; mais Jupiter est toujours demeuré inflexible, et n'a jamais voulu les affranchir de l'oppression où elles gémissent depuis tant d'années, en punition de ce qu'elles n'avaient pu souffrir un Roi pacifique.

Les Colombes et le Faucon leur Roi

Les Colombes se voyant hors d'état de résister aux attaques et aux insultes du Milan, qui leur faisait la guerre à toute outrance, résolurent de se mettre sous la protection du Faucon, et de l'élire pour leur Souverain, afin de l'engager dans leurs intérêts, et de l'opposer au Milan.

Mais elles se repentirent bientôt du choix qu'elles venaient de faire : car ce nouveau Roi les traitait comme un ennemi déclaré. Il les mettait en pièces et les dévorait, sans qu'elles pussent se délivrer de ses violences.

Alors les Colombes, pleines de douleur et de désespoir, disaient qu'il leur eût été plus avantageux de souffrir la guerre et les fureurs du Milan, que la tyrannie du Faucon.

Un Chien et un Voleur

Un Voleur entra furtivement de nuit dans une maison pour la voler, et offrit un pain au Chien qui la gardait, voulant l'empêcher d'aboyer, en l'amusant à manger ce pain.

Mais ce fidèle gardien le refusa, et lui dit :

– Malheureux, je connais ton intention. Tu veux m'empêcher d'aboyer, pour voler avec plus de liberté le bien de mon Maître ; mais je me garantirai de ta tromperie, et je n'accepterai point tes présents.

Alors le Chien se mit à aboyer avec tant de violence, que tous les domestiques de la maison se réveillèrent au bruit qu'il fit, et donnèrent la chasse au Voleur.

Le Loup et la Truie

La Truie étant prête de mettre bas ses Cochons, fut visitée par le Loup, qui lui offrit de la servir et de la soulager dans le travail où elle était, et d'avoir un soin tout particulier de sa portée.

La Truie alarmée de la présence d'un ennemi si redoutable, lui répondit qu'elle le remerciait de ses offres, qu'elle n'avait nullement besoin de son ministère, et que le plus grand service qu'il pouvait lui rendre était de s'éloigner d'elle le plus promptement qu'il pourrait, et de la laisser en repos, elle et ses petits.

Le Milan malade

Le Milan se voyant réduit à l'extrémité, et n'espérant plus de guérir par la force des remèdes, conjura sa mère d'aller prier les Dieux de lui rendre la santé.

– Mon fils, lui répondit-elle, ce serait en vain que tu attendrais du secours du côté des Dieux, après avoir profané si souvent leurs Autels, et les Sacrifices qu'on leur offrait.

Le Loup et la Tête

Un Loup étant entré dans la boutique d'un Sculpteur, y trouva une tête de relief fort bien travaillée.

Il la tourna de tous côtés et la contempla à loisir, sans qu'elle proférât une parole.

– Oh la belle tête ! s'écria-t-il ; que cet ouvrage est admirable ! C'est grand dommage qu'elle n'ait point de cervelle, et qu'elle ne puisse donner aucun signe de vie.

L'accouchement d'une Montagne

Il courut autrefois un bruit, qu'une Montagne devait enfanter.

En effet elle poussait des cris épouvantables, qui semblaient menacer le monde de quelque grand prodige.

Tout le Peuple étonné de ce bruit, se rendit en foule au pied de la Montagne, pour voir à quoi aboutirait tout ce fracas. On se préparait déjà à voir sortir un Monstre horrible des entrailles de la Montagne ; mais après avoir longtemps attendu avec une grande impatience, on vit enfin sortir un Rat de son sein.

Ce spectacle excita la risée de tous les assistants.

Un vieux Chien et son Maître

Un Chasseur poursuivant un Cerf, encourageait son Chien à courir avec plus de vitesse ; mais ce Chien appesanti par la vieillesse, n'avait plus la même légèreté qu'il avait eue autrefois.

Son Maître, bien éloigné de le caresser, le chargeait de coups de bâton.

Ce mauvais traitement obligea le Chien à se plaindre de son Maître, et à lui remontrer qu'il lui avait toujours rendu tous les services qu'il avait pu durant ses jeunes années, et que s'il lui en rendait moins alors, ce n'était pas qu'il manquât d'affection pour lui, mais parce que la vieillesse l'en empêchait.

Le Chien lui représenta encore qu'il devait le traiter avec plus de douceur, afin qu'on crut dans le monde qu'il lui tenait compte de ses services passés, en un temps où il était hors d'état de le servir avec la même ardeur.

Le Bruit des Arbres battus d'un vent impétueux

Le bruit des Arbres battus d'un vent impétueux épouvanta tellement les Lièvres, qu'ils se mirent tous à fuir avec vitesse, sans savoir où ils allaient dans leur fuite.

Ils trouvèrent un Marais qui les empêcha de passer outre.

Les Grenouilles saisies de crainte s'y précipitèrent incontinent pour se cacher. Au moment que la peur allait faire jeter les Lièvres dans l'Étang, l'un des plus vieux de la troupe les arrêta, en leur représentant qu'ils avaient pris l'alarme mal à propos, à cause du bruit du vent et des feuilles.

– Nous ne sommes pas les seuls qui craignions, continua-t-il, puisque nous avons fait peur aux Grenouilles.

Un Chevreau et un Loup

Une Chèvre sortit de son étable pour aller paître, recommandant très expressément à son Chevreau de n'ouvrir la porte à personne durant son absence.

À peine était-elle sortie, qu'un Loup vint heurter à la porte de l'étable, contrefaisant la voix de la Chèvre, et il commanda au Chevreau de lui ouvrir.

Cet animal profitant des leçons de sa mère, regarda par une ouverture, et reconnut le Loup.

– Je n'ouvrirai point, lui répliqua-t-il ; car quoique tu contrefasses la voix d'une Chèvre, je vois bien à ta figure que tu es un Loup, et que tu ne cherches qu'à me dévorer.

Le Chien et la Brebis

Le Chien fit un jour assigner la Brebis devant deux Aigles, pour la faire condamner à lui payer un pain qu'il disait lui avoir prêté. Elle nia la dette. On obligea le Chien à présenter des témoins.

Il suborna le Loup, qui déposa que la Brebis devait le pain.

Elle fut condamnée, sur ce faux témoignage, à payer ce qu'elle ne devait pas. Quelques jours après, elle vit des Chiens qui étranglaient le Loup.

Cette vue la consola de l'injustice qu'on lui avait faite.

— Voilà, s'écria-t-elle, la récompense que méritent de tels calomniateurs.

Le Laboureur et le Serpent

Un Paysan se mit un jour en colère contre un Serpent qu'il nourrissait, et prenant à la main un bâton, il se mit à le poursuivre.

Le Serpent, après avoir reçu quelques blessures, s'échappa.

Depuis cette aventure, le Laboureur tomba dans une extrême pauvreté, et crut que les mauvais traitements qu'il avait faits au Serpent étaient la cause de son malheur. Il alla le chercher, en le priant de revenir dans sa maison.

Le Serpent s'en excusa, et lui dit qu'il ne pouvait s'y résoudre, ne croyant pas pouvoir vivre en sûreté avec un homme si incommode.

– Quoique mes plaies soient guéries, ajouta-t-il, le souvenir de tes cruautés ne peut s'effacer de ma mémoire.

Le Renard et la Cigogne

Un Renard plein de finesse pria à souper une Cigogne à qui il servit de la bouillie sur une assiette.

La Cigogne ne fit pas semblant de se fâcher du tour que lui jouait le Renard.

Peu de temps après, elle le pria à dîner ; il y vint au jour marqué, ne se souvenant plus de sa supercherie, et ne se doutant point de la vengeance que méditait la Cigogne.

Elle lui servit un hachis de viandes qu'elle renferma dans une bouteille.

Le Renard n'y pouvait atteindre, et il avait la douleur de voir la Cigogne manger toute seule. Elle lui dit alors avec un rire moqueur :

– Tu ne peux pas te plaindre de moi raisonnablement, puisque j'ai suivi ton exemple, et que je t'ai traité comme tu m'as traitée.

Le Geai paré de plumes de Paon

Un Geai plein de vanité se para avec des plumes de Paon qu'il avait ramassées.

Cet ornement emprunté lui causa tant d'orgueil, qu'il en conçut du mépris pour les autres Geais.

Il les quitta et se mêla fièrement parmi une troupe de Paons, qui reconnaissant sa supercherie, le dépouillèrent sur-le-champ de ses plumes postiches.

Cet animal tout honteux après cette disgrâce, voulut retourner avec les Geais ; mais ils le rebutèrent violemment, et lui donnèrent tant de coups de bec, qu'ils lui arrachèrent toutes ses plumes empruntées ; de sorte qu'il se vit méprisé des autres Oiseaux, et même de ceux de son espèce.

La Mouche et le Chariot

Une Mouche s'étant arrêtée sur un Chariot qui courait dans la lice, où les chevaux et l'agitation des roues élevaient une grande poussière :

– Quelle nuée de poudre je fais élever, s'écria-t-elle en s'applaudissant !

L'Âne malade et les Loups

L'Âne fut obligé de garder le lit pour quelque indisposition.

Le bruit de sa maladie s'étant répandu, les Loups et les Chiens, croyant qu'il mourrait bientôt, accoururent pour le visiter.

Ils aperçurent l'Ânon au travers des fentes de la porte, et lui demandèrent des nouvelles de la santé de son père.

– Il se porte beaucoup mieux que vous ne voudriez, leur répondit l'Ânon.

La Fourmi et la Mouche

La Fourmi eut un jour querelle avec la Mouche, qui se vantait de voler comme les oiseaux, d'habiter dans les Palais des Princes, de faire toujours grande chère, sans qu'il lui en coûtât aucune peine.

Elle reprochait à la Fourmi la bassesse de sa naissance, et qu'elle rampait toujours à terre pour chercher de quoi vivre avec beaucoup de travail et d'assiduité ; qu'elle était réduite à ronger quelques grains, à boire de l'eau, à habiter les cavernes.

La Fourmi répondait à tous ces reproches qu'elle était contente de son sort ; qu'une demeure sûre et arrêtée lui plaisait mieux qu'une vie errante et vagabonde ; que l'eau des fontaines et les grains de blé lui paraissaient d'un goût exquis, parce que c'étaient des fruits de son travail : au lieu que la Mouche se rendait incommode à tout le monde, et méprisable par sa fainéantise.

Un Singe et le Renard

Dans une Assemblée générale des Animaux, le Singe sauta avec tant de légèreté et tant d'adresse, qu'ils l'élurent pour leur Roi, avec l'approbation de toute l'Assemblée.

Le Renard, qui ne put regarder son élévation sans envie, ayant aperçu dans une fosse de la viande cachée sous des filets, mena le Singe sur le bord de la fosse, lui disant qu'il avait rencontré un trésor, et que c'était au Roi à s'en saisir, parce que la Loi le lui attribuait.

Le Renard exhorta donc le Singe à s'emparer promptement de ce trésor.

Le Singe étant entré inconsidérément dans la fosse, fut attrapé au piège qu'il n'avait pas aperçu.

Se voyant pris de la sorte, il reprocha au Renard sa perfidie.

– Monsieur le Singe, lui répliqua le Renard, puisque vous êtes si peu avisé, comment prétendez-vous avoir l'empire sur tous les autres Animaux ?

Le Renard et les Raisins

Un Renard ayant aperçu au haut d'un arbre quelques grappes de Raisins qui commençaient à mûrir, eut envie d'en manger, et fit tous ses efforts pour y atteindre ; mais voyant que sa peine était inutile, il dissimula son chagrin, et dit en se retirant qu'il ne voulait point manger de ces Raisins, parce qu'ils étaient encore trop verts et trop aigres.

La Belette et le Renard

Un Renard pressé de la faim, entra un jour dans une Grange par une ouverture fort étroite.

Après avoir mangé tout son soûl, il voulut sortir par la même ouverture ; mais tous ses efforts furent inutiles, parce que la grosseur de son ventre l'en empêchait.

La Belette qui l'aperçut de loin, et qui connut son embarras, accourut pour lui donner conseil, et pour le secourir.

Après avoir examiné l'état où il se trouvait, elle lui dit qu'il devait attendre, pour sortir de la grange, qu'il fût aussi décharné et aussi maigre qu'il était avant que d'y entrer.

Le Loup et les Chasseurs

Un Loup vivement poursuivi par des Chasseurs, désespérait de pouvoir se sauver, tant il était fatigué d'avoir couru.

Il rencontra par hasard un Bûcheron, et le pria de vouloir lui donner un asile dans sa cabane.

Le Bûcheron y consentit, et le cacha dans un coin.

Peu de temps après, les Chasseurs arrivèrent à la cabane et demandèrent au Bûcheron s'il ne savait point où le Loup s'était retiré.

Il leur répondit que non ; mais il leur fit signe du doigt et de l'œil, pour leur montrer l'endroit où le Loup était caché.

Ils le cherchèrent sans pouvoir le trouver.

Aussitôt qu'ils furent sortis de la cabane, le Loup se retira sans rien dire au Bûcheron, qui se plaignit de son incivilité, lui reprochant qu'il lui avait sauvé la vie, en lui donnant un asile dans sa cabane.

– Il est vrai, repartit le Loup, et je ne m'en serais pas allé sans vous remercier de votre courtoisie, si votre main, vos yeux, vos actions, vos mœurs, eussent été conformes à votre vie.

Le Paon et le Rossignol

Le Paon se plaignit un jour à Junon, sœur et femme du Maître des Dieux, qu'il se rendait ridicule auprès des autres Oiseaux, par la rudesse et le désagrément de sa voix ; au lieu que le Rossignol les charmait tous par sa mélodie et par la douceur de son chant.

– J'en conviens, lui répliqua Junon ; mais les Dieux l'ont ordonné de la sorte. Ils ont voulu que chaque Animal eût un talent particulier. Si le Rossignol vous surpasse par la douceur de sa voix, vous le surpassez par la beauté de votre plumage. La force est le partage de l'Aigle. Le Corbeau donne de bons augures. La Corneille est faite pour annoncer les malheurs. Il faut que chacun se contente de sa condition, et qu'il se soumette à la volonté des Dieux.

L'Oiseleur et le Merle

Un Oiseleur tendait des rets pour y prendre des Oiseaux.

Le Merle qui l'aperçut de loin, lui demanda à quoi il s'occupait.

– Je bâtis une Ville, lui répondit l'Oiseleur.

Après qu'il se fût retiré, le Merle eut la curiosité de venir voir cet ouvrage, se fiant à la parole et à la bonne foi de l'Oiseleur ; mais s'étant trop approché du filet, il y demeura pris.

– Je vous proteste, dit-il à l'Oiseleur qui accourut promptement pour s'en saisir, que si vous bâtissez toujours de semblables villes, vous n'aurez guère d'habitants.

Le Cerf et le Cheval

Le Cheval qui n'avait point encore été dompté par le mors ni par la bride, se plaignait un jour à un Paysan d'un Cerf qui venait manger l'herbe dans un Pré où il paissait, et le pria de l'aider à en tirer vengeance.

– Je le veux bien, dit le Paysan, à condition que vous ferez tout ce que je vous dirai.

Le Cheval y acquiesça.

Alors le Paysan profitant de l'occasion, lui mit sur le dos une selle et un mors à la bouche. Il monta dessus, et poursuivit le Cerf avec tant d'ardeur, qu'il l'atteignit et le tua.

Le Cheval hennissait de joie, se voyant si bien vengé, et ne craignant plus les insultes du Cerf.

Mais le Paysan qui connut combien le Cheval lui pouvait être utile dans la suite, au lieu de le mettre en liberté, le conduisit chez lui, l'attacha à une charrue, et le fit servir à labourer la terre.

Le Coq, l'Âne et le Lion

L'Âne paissait un jour dans la compagnie d'un Coq.

Un Lion vint pour attaquer l'Âne.

Le Coq chanta.

On dit que le Lion a une horreur naturelle du chant de cet animal. Le Lion se mit à fuir.

L'Âne, qui s'imagina follement que le Lion le redoutait, le poursuivit à toute outrance ; mais quand le Lion se vit assez éloigné pour ne plus craindre le chant du Coq, et pour ne le plus entendre il revint sur ses pas, se jeta sur l'Âne et le dévora.

– Malheureux que je suis, s'écria-t-il, en se voyant aux derniers abois, de quoi me suis-je avisé de vouloir faire le vaillant, et pourquoi ai-je voulu m'exposer au combat, puisque je ne suis point né de parents guerriers ?

Le Vautour et les autres Oiseaux

Un Vautour ayant manqué plusieurs Oiseaux de son voisinage, feignit qu'il avait envie de les traiter et de leur donner un grand repas, en signe d'une parfaite réconciliation.

Les Oiseaux, trop faciles et trop crédules, trompés par ces belles apparences, ne manquèrent pas de se trouver en foule à la fête, se flattant d'être bien régalés, et que c'était une belle occasion de se réconcilier pour toujours avec un ennemi si dangereux, et qui leur faisait depuis longtemps une guerre si cruelle.

Mais ils furent bien épouvantés quand ils virent qu'il se jetait sur eux, et qu'il les égorgeait impitoyablement les uns après les autres.

Ils reconnurent à leurs dépens le peu de fond qu'il faut faire sur les belles paroles d'un ennemi.

Le Lion et le Renard

Le Lion affaibli par la vieillesse, ne pouvait plus prendre les autres animaux à la course. Il résolut de se servir d'artifice pour les surprendre et pour en faire curée.

Il se retira dans le fond de sa caverne pour mieux exécuter ce dessein, et fit savoir partout qu'il était malade.

Les autres animaux accoururent pour le visiter, mais il les étranglait et les dévorait à mesure qu'ils entraient dans sa caverne.

Le Renard se douta de la ruse du Lion, et du mauvais tour qu'il avait joué à ceux qui étaient venus le visiter.

Il se contenta donc de demander de loin au Lion, et sans entrer dans sa caverne, comment il se portait.

– Je me porte fort mal, dit le Lion ; pourquoi n'entrez-vous pas, ajouta-t-il ?

– C'est, lui répliqua le Renard, que je vois fort bien les vestiges de ceux qui sont entrés dans cette caverne, mais je n'aperçois point les traces de ceux qui en sont sortis.

Le Chevreau et le Loup

Le Chevreau étant assis sur une fenêtre assez élevée, vit passer un Loup, dont il se moqua longtemps, et l'accabla d'injures.

Le Loup, sans s'émouvoir des paroles offensantes de cet animal :

– Mon ami, lui dit-il, ce n'est point toi qui m'injuries ; tu n'aurais garde de me parler de la sorte, si tu ne te prévalais de l'avantage du lieu où tu te crois en sûreté.

La Brebis et la Corneille

La Corneille attachée sur le dos de la Brebis, la becquetait sans qu'elle pût s'en défendre ; mais se tournant vers son ennemie :

– Si tu en faisais autant à quelque Chien, lui dit-elle, tu ne le ferais pas impunément.

– Il est vrai, repartit la Corneille, avec un air moqueur ; mais je n'attaque pas plus fort que moi, et je sais bien de qui je me joue.

L'Homme et le Lion

Un Homme et un Lion voyageaient ensemble, et disputaient, chemin faisant, sur les avantages de leur espèce.

Au fort de la dispute, ils aperçurent un bas-relief qui représentait Hercule étouffant un Lion.

– Cette figure, dit l'Homme, en se tournant vers le Lion, peut t'apprendre que les Hommes sont plus forts que les Lions.

– Votre raisonnement porte à faux, répliqua le Lion ; car si nous avions parmi nous des Lions Sculpteurs, on verrait beaucoup plus d'Hommes terrassés et étouffés par les Lions, que de Lions par les Hommes.

– Cette raison ne convainquit point l'Homme, qui s'opiniâtra toujours de plus en plus à défendre son opinion.

Le Lion fatigué de cette dispute, se jeta sur l'Homme et le mit en pièces.

– Tu vois bien maintenant, lui dit-il, lequel est le plus fort de l'Homme ou du Lion.

La Puce et l'Homme

Un Homme se sentant piqué par une Puce, mit le doigt dessus et la prit.

Elle lui dit pour s'excuser, que c'était sa manière de vivre, et que la nature lui avait donné ce talent ; qu'au reste elle ne faisait pas grand mal, et que ses morsures n'étaient nullement dangereuses.

Elle pria l'Homme très instamment de la mettre en liberté, et de la laisser vivre, puisqu'il n'avait rien à appréhender d'elle.

– Tu t'abuses, lui répondit-il en souriant, tu fais tout le mal que tu peux ; c'est pour cela qu'il faut que je te tue ; car il ne faut jamais offenser personne, ni faire à qui que ce soit aucun outrage, ni léger, ni considérable.

La Fourmi et la Cigale

La Fourmi faisait sécher son froment qui avait contracté quelque humidité pendant l'hiver.

La Cigale mourant de faim, lui demanda quelques grains pour subvenir à sa nécessité dans la disette où elle se trouvait.

La Fourmi lui répondit durement qu'elle devait songer à amasser pendant l'été pour avoir de quoi vivre pendant l'hiver.

– Je ne suis point oisive durant l'été, répliqua la Cigale, je passe tout ce temps-là à chanter.

– Oh bien, repartit la Fourmi, puisque cela est ainsi, je vous conseille de danser maintenant ; vous méritez bien de mourir de faim.

L'Arbre et le Roseau

Un Olivier et un Roseau disputaient ensemble sur leur force et sur leur fermeté.

L'Olivier reprochait au Roseau sa fragilité, qui l'obligeait de plier au moindre vent.

Le Roseau ne trouvant point de bonnes raisons pour lui répliquer, garda le silence ; mais ayant attendu quelque temps sans rien dire, un vent violent vint à souffler tout à coup.

Le Roseau agité par le vent, plia, et n'en fut point incommodé ; mais l'Olivier ayant voulu résister à l'orage, fut emporté et déraciné par la violence du tourbillon.

Alors le Roseau prenant son temps pour parler, dit à l'Olivier qui était par terre :
– Tu vois bien qu'il est plus à propos de céder à un ennemi puissant, que de lui résister avec une témérité qui a toujours de mauvaises suites.

Le Mulet et le Loup

Le Mulet voyant un Loup venir à lui, et craignant d'être pris, feignit d'avoir une épine au pied et d'être fort tourmenté du mal que lui causait cette épine.

– Hélas ! mon ami, dit-il en s'adressant au Loup, je ne puis résister à la violence de la douleur que je sens ; mais puisque mon malheur veut que je sois bientôt dévoré par les oiseaux de proie, je te prie, avant que je meure, de m'arracher cette épine que j'ai au pied, afin que j'expire plus doucement.

– Le Loup consentit à lui rendre ce bon office, et se mit en posture.

Alors le Mulet lui donna un si grand coup de pied, qu'il lui enfonça le crâne, lui cassa les dents, et se mit à fuir.

Le Loup se voyant dans un état si pitoyable, ne s'en prenait qu'à lui-même.

– Je le mérite bien, disait-il ; car de quoi est-ce que je me mêle ? Pourquoi ai-je voulu m'ingérer mal à propos de faire le Chirurgien, moi qui ne suis qu'un boucher ?

Le Renard trahi par le Coq

Un Paysan outré de dépit de voir ses poules égorgées par un Renard, lui tendit des pièges, et le prit.

Le Coq seul fut le témoin de sa disgrâce.

Le Renard le pria très instamment de lui apporter des ciseaux pour couper les filets, ou du moins de ne pas avertir son Maître qu'il était pris, jusqu'à ce qu'il eût rongé les cordons avec ses dents.

Le Coq lui promit sur-le-champ de faire l'un et l'autre, quoiqu'il ne fût pas dans la résolution de lui tenir parole.

En effet, il courut vers son Maître, et lui dit que le Renard avait donné dans le piège.

Le Paysan prit une massue pour en assommer le Renard, qui voyant venir de loin son ennemi:

– Que je suis malheureux ! s'écria-t-il, ai-je dû me flatter que le Coq me serait fidèle, après lui avoir égorgé tant de femmes ?

Le Renard et le Chat

Dans une dispute que le Renard eut avec le Chat, il se vantait d'être le plus rusé de tous les animaux, et de mettre lui seul plus de finesses en pratique que tous les autres ensemble.

Le Chat lui répondit qu'il n'en savait pas tant, mais qu'il avait de bonnes griffes ; que son agilité lui tenait lieu de finesse, et le tirait de toutes sortes d'embarras.

Lorsque le Renard s'apprêtait à lui répliquer, on entendit tout à coup plusieurs Chiens aboyer, et qui venaient fondre sur eux.

Le Chat, sans marchander davantage, grimpa promptement sur un arbre, où il demeura en sûreté ; mais le Renard qui ne put se sauver si vite, fut pris et dévoré par les Chiens, malgré toutes ses finesses.

Le Renard et le Loup

Un Renard tombé par hasard dans un puits, était sur le point de se noyer, lorsqu'il aperçut un Loup sur le bord du puits.

Il le pria très instamment de l'assister dans ce péril extrême, et de lui jeter une corde pour le tirer de ce puits.

Le Loup plaignant sa disgrâce, lui fit plusieurs questions pour savoir comment ce malheur lui était arrivé.

– Ce n'est pas maintenant le temps de discourir, répliqua le Renard ; quand tu m'auras tiré d'ici, je t'expliquerai à loisir toutes les circonstances de cette aventure.

Le Chien envieux et le Bœuf

Un Chien couché sur un monceau de foin, en défendait l'approche à un Bœuf qui avait envie d'en manger.

Le Bœuf voyant la mauvaise humeur du Chien, lui dit tout en colère :

– Il faut que tu sois bien malheureux et bien envieux, puisque tu ne veux pas manger de ce foin, ni permettre aux autres d'en manger.

Le Loup et les Chiens

Un Loup considérait avec plaisir du haut d'un rocher deux Chiens qui se battaient, au lieu de veiller à la garde du troupeau qu'on leur avait confié.

Ce combat fit espérer au Loup qu'il pourrait attaquer le troupeau avec succès, tandis que les Chiens de garde se déchiraient à belles dents.

Il vint donc tout à coup fondre sur les Brebis, et en enleva une des plus grasses. Après ce coup, il se mit à fuir à toutes jambes.

Les Chiens ayant pris garde à ce vol, suspendirent leur querelle particulière, et coururent après le Loup avec tant de légèreté, qu'ils l'atteignirent enfin, et lui donnèrent mille coups de dents pour l'obliger à lâcher prise.

Le Loup en s'en retournant, rencontra l'un de ses compagnons, qui lui demanda comment il avait osé attaquer seul un si grand troupeau, gardé de deux bons Chiens ?

– Je me suis flatté, répondit le Loup, que le différend des Chiens me donnait une belle occasion de me jeter sur le troupeau, mais je me suis mécompté.

L'Aigle et le Corbeau

Un Aigle venant à fondre du haut des airs sur un Mouton, l'enleva.

Un Corbeau qui le vit crut en pouvoir faire autant, et volant sur le dos d'un Mouton, il fit tous ses efforts pour l'emporter, comme l'Aigle avait fait; mais ses efforts furent inutiles, et il s'embarrassa tellement les pieds dans la laine du Mouton, qu'il ne put jamais se dégager ; de sorte que le Berger survenant, prit le Corbeau et le donna à ses enfants pour les amuser, et pour leur servir de jouet.

Le Renard et le Bouc

Le Renard et le Bouc pressés de la soif, descendirent dans un puits. Après qu'ils se furent désaltérés, ils cherchèrent les moyens d'en sortir.

Le Renard ayant rêvé quelque temps, dit au Bouc qu'il avait trouvé un bon moyen pour se tirer d'embarras l'un et l'autre.

– Il faut te dresser sur les pieds de derrière, et appuyer les deux cornes de devant contre le mur ; je grimperai aisément le long de ton dos ; et quand je serai hors du puits, je te donnerai du secours pour en sortir après moi.

– Le Bouc approuva la proposition du Renard, et se mit en posture pour lui faciliter la sortie.

Mais quand le Renard se vit en assurance, il se mit à sauter de tous côtés, sans se soucier de l'embarras où était le Bouc, qui lui reprochait son indifférence et sa mauvaise foi, puisqu'il n'accomplissait pas les conditions de leur traité.

– Mon ami, lui dit le Renard en l'insultant, si tu avais autant d'esprit et autant de bon sens que de barbe, tu ne serais pas descendu dans ce puits, sans avoir auparavant songé aux moyens d'en sortir.

Le Chat et le Coq

Un Chat s'étant jeté sur un Coq, et voulant trouver des raisons apparentes pour le tuer avec quelque espèce de justice, lui reprocha qu'il était un importun, et qu'il empêchait par son chant tous les voisins de dormir.

– Ce que j'en fais, repartit le Coq, n'est pas pour les incommoder ; c'est pour leur utilité, et pour les appeler au travail, que je les réveille.

– Au moins, lui répliqua le Chat, tu es un infâme, puisque tu n'épargnes ni ta mère, ni tes sœurs dans tes sales amours.

– Ce que j'en fais, dit encore le Coq, c'est pour le profit de mon Maître, et afin qu'il ait une plus grande quantité d'œufs.

– Voilà, répondit le Chat, des raisons spécieuses; mais je meurs de faim, il faut que je mange, et tu ne m'échapperas pas aujourd'hui.

Alors il se jeta sur le Coq, et l'étrangla.

Le Renard et le Buisson

Un Renard, pour éviter le péril dont il était menacé, se sauva dans une Haie toute hérissée d'épines, qui lui percèrent les pieds de tous côtés.

Ces blessures l'obligèrent à jeter de hauts cris, et à se plaindre de la Haie, en lui reprochant qu'il s'était réfugié vers elle pour y trouver un asile, et que cependant elle lui avait fait un traitement très cruel.

– Mon ami, lui répondit le Buisson, vous vous êtes trompé ; vous avez voulu me prendre, mais c'est moi qui ai accoutumé de prendre les autres.

L'Homme et une Idole

Un Paysan avait dans sa maison une Idole à qui il rendait chaque jour de grands honneurs, et lui adressait des prières très ferventes.

Il faisait des vœux pour prier ce Dieu domestique de lui donner des richesses et toutes les commodités de la vie ; mais le Dieu faisait la sourde oreille, et le Paysan devenait plus pauvre tous les jours.

Enfin irrité contre cette idole, il la renversa, lui donna plusieurs coups, et la mit en poudre.

L'Idole était creuse, il en sortit une grande quantité de pièces d'or et d'argent.

Alors le Paysan s'adressant à la Statue :

– En vérité, lui dit-il, tu es un Dieu bien avare et bien malin ; tu n'as pas fait semblant de m'écouter, et tu ne m'as fait aucun bien tandis que je t'ai rendu tous les honneurs dont j'ai pu m'aviser ; et tu m'en fais maintenant que je t'ai mis en pièces, mais c'est par force et malgré toi.

Le Pêcheur et les Poissons

Un Pêcheur assez peu versé dans son métier, prit sa flûte et des filets pour aller à la pêche. Étant arrivé au bord de la mer, il s'assit sur une pierre, et se mit à jouer de la flûte, croyant, par la douceur de son chant, charmer les Poissons, et les prendre sans aucune peine : mais cette tentative ne lui réussit pas.

Il quitta donc la flûte, prit son filet et le jeta dans la mer.

Du premier coup de filet il prit une grande quantité de poissons, il les traîna sur le rivage, et ils se mirent tous à sauter.

– En vérité, leur dit-il, vous êtes de sots animaux. Tandis que j'ai joué de la flûte, vous n'avez point voulu danser ; et sitôt que j'ai cessé d'en jouer, vous vous êtes tous mis à sauter.

Le Laboureur et la Cigogne

Un Laboureur fâché de voir que les Grues et les Oies sauvages mangeaient ses blés dans ses champs, tendit des filets pour les surprendre.

Il prit aussi avec elles une Cigogne, qui le pria très instamment de la remettre en liberté, lui représentant qu'elle n'était ni Grue, ni Oie sauvage, et qu'elle ne lui avait jamais fait de dégât, puisqu'elle ne mangeait ni herbes ni grains.

Elle lui dit encore, pour l'attendrir, qu'elle servait ses parents avec une piété sans exemple, et qu'elle les secourait charitablement dans leur extrême vieillesse.

Le Laboureur, sans faire attention aux remontrances de la Cigogne, se mit à sourire.

– Je conviens de tout ce que tu dis, répliqua-t-il ; mais puisque tu es prise avec les autres Oiseaux, il faut que tu meures aussi avec eux.

La Fourmi et la Colombe

Une Fourmi pressée de la soif descendit dans une fontaine, où elle pensa être étouffée, étant entraînée par le courant, sans pouvoir s'en retirer.

Une Colombe qui la vit dans l'embarras où elle était, arracha une branche d'arbre qu'elle jeta dans la fontaine.

La Fourmi, à l'aide de cette branche, se garantit du malheur dont elle était menacée. Peu de temps après, un Oiseleur tendit des filets pour surprendre la Colombe, qui n'y prenait pas garde.

La Fourmi qui connut la mauvaise intention de l'Oiseleur, le mordit à la jambe.

La douleur qu'il sentit l'obligea à se retourner et à lâcher son filet.

La Colombe qui entendit du bruit, se sauva par ce bon office de la Fourmi.

Le Berger et les Laboureurs

Un jeune Berger qui faisait paître ses troupeaux sur une colline, donnait souvent, pour se divertir, de fausses alarmes aux Bergers des environs, et criait au Loup, quoiqu'il n'en parût aucun.

Les Bergers et les Laboureurs venaient promptement à son secours. Il arriva un jour qu'un Loup lui enleva effectivement une de ses Brebis.

Alors il se mit à crier de toute sa force ; mais les autres croyant qu'il se moquait d'eux à son ordinaire, ne se mirent point en peine de venir le secourir.

Ainsi le Loup emporta la Brebis, sans que personne ne s'y opposât.

La Mouche

Une Mouche tomba dans une marmite remplie de viande et de potage, dont elle mangea à discrétion ; mais enfin voyant que le bouillon l'étouffait :

– Quel malheur pour moi ! s'écria-t-elle, j'ai tant bu et tant mangé, j'ai fait si grande chère, qu'il faut que je périsse pour être trop à mon aise.

Les deux Écrevisses

Une écrevisse faisait des leçons à l'une de ses petites, pour lui apprendre à bien marcher ; elle lui reprochait qu'elle allait toujours de travers, et qu'elle ne faisait aucun pas sans se détourner à droite ou à gauche.

La jeune Écrevisse ne fut pas fort touchée des remontrances de sa mère. Pour toute réponse elle lui dit :

– Ma mère, marchez devant moi, et je vous suivrai

Le Dieu Mercure et le Bûcheron

Un Bûcheron coupant du bois dans une Forêt sur le bord d'une Rivière, y laissa tomber sa cognée.

Dans le désespoir où il se vit après cette perte, ne sachant quel conseil prendre, il s'assit sur le rivage, et se mit à pleurer amèrement.

Mercure qui l'aperçut eut compassion de sa destinée, et ayant appris le sujet de sa douleur, il lui montra une cognée d'or, et lui demanda si c'était la sienne.

Le Bûcheron lui répondit sincèrement qu'elle ne lui appartenait pas.

Alors Mercure lui en montra une d'argent, et lui demanda si c'était celle qu'il avait perdue.

Il lui répondit avec la même bonne foi, que non.

Enfin, Mercure lui en montra une emmanchée de bois, et le Bûcheron lui dit que celle-là lui appartenait.

Le Dieu touché de la bonne foi et de la probité de ce pauvre homme, lui donna les trois cognées.

Le Bûcheron raconta à ses compagnons l'aventure qui venait de lui arriver.

L'un d'eux résolut de tenter une pareille fortune, alla sur le bord de la rivière, laissa de propos délibéré tomber sa cognée dans le courant ; après quoi il s'assit sur le rivage, jetant de hauts cris.

Mercure se présenta devant lui, et ayant appris la cause de ses larmes, il se plongea dans la rivière, et après en avoir retiré une cognée d'or, il lui demanda si c'était celle qu'il avait perdue.

Cet homme rempli de joie, lui dit que c'était elle en effet.

Mercure irrité de l'impudence de ce fourbe, ne lui donna ni la cognée d'or, ni celle qu'il avait jetée tout exprès dans la rivière.

L' Enfant et sa Mère

Un jeune Enfant ayant dérobé un Livre à l'un de ses compagnons d'étude, le donna à sa mère.

Elle prit le Livre, sans faire aucune réprimande à son fils ; au contraire elle l'embrassa, et lui fit des caresses.

Quand il fut devenu plus grand, il s'accoutuma à dérober des choses d'une plus grande conséquence.

Ayant été un jour pris sur le fait, on le livra entre les mains de la Justice, et il fut condamné à la mort.

Sa mère le suivait en pleurant tandis qu'on le conduisait au supplice.

Il demanda permission au Bourreau de lui parler en particulier.

Elle approcha son oreille de sa bouche, il la mordit et l'arracha à belles dents.

Sa mère et tous les assistants se récrièrent, et lui reprochèrent sa cruauté, lui disant qu'il ne se contentait pas d'être un voleur, mais qu'il avait encore commis une impiété à l'égard de sa mère.

– C'est elle seule, répliqua-t-il, qui est la cause de mon malheur ; car si elle m'eût fait de sérieuses remontrances, lorsque je lui portai la première fois un Livre que j'avais volé, j'aurais discontinué de le faire, et je ne serais pas tombé dans le malheur où je me vois aujourd'hui.

L' Homme qui avait deux Femmes

Un Homme nourri dans les délices, et qui était encore dans la force de son âge, ni trop vieux, ni trop jeune, quoique ses cheveux commençassent déjà à grisonner, s'avisa d'épouser deux femmes, dont l'une approchait de la vieillesse, et l'autre était encore dans la fleur de la jeunesse.

Ils demeuraient tous trois dans la même maison.

La plus âgée voulant se faire aimer de son mari, par la proportion de l'âge, lui arrachait poil à poil tout ce qu'il avait de cheveux noirs.

La plus jeune qui voulait aussi avoir part à la tendresse de son mari, lui arrachait de son côté tous les cheveux blancs.

De sorte que ces deux femmes en continuant chaque jour cet exercice, le rendirent entièrement chauve, et il devint la fable de tout le monde.

Le Laboureur et ses Enfants

Un Laboureur fâché de voir la dissension parmi ses enfants, et le peu de cas qu'ils faisaient de ses remontrances, commanda qu'on lui apportât en leur présence un faisceau de baguettes, et leur dit de rompre ce faisceau tout à la fois.

Ils firent l'un après l'autre de grands efforts pour en venir à bout ; mais leur peine fut inutile. Il leur dit ensuite de délier le faisceau, et de prendre les baguettes séparément pour les rompre ; ce qu'ils exécutèrent sans aucune peine.

Alors il leur tint ce discours :

– Vous voyez, mes enfants, que vous n'avez pu briser ces baguettes, tandis qu'elles étaient liées ensemble ; ainsi vous ne pourrez être vaincus par vos ennemis, si vous demeurez toujours unis par une bonne intelligence. Mais si les inimitiés vous désunissent, si la division se met parmi vous, il ne sera pas difficile à vos ennemis de vous perdre.

La Nourrice et le Loup

Un Loup tourmenté de la faim courait de tous côtés pour chercher quelque proie. Étant arrivé auprès d'une cabane, il entendit un enfant qui pleurait, et sa nourrice qui lui disait tout en colère :

– Taisez-vous ; et si vous ne vous apaisez, je vous donnerai à manger au Loup tout à l'heure.

Le Loup croyant que la Nourrice parlait sérieusement, attendit longtemps auprès de la porte; mais sur le soir il fut bien étonné lorsqu'il entendit la Nourrice caresser son enfant, et qui lui disait en le flattant :

– Mon fils, si le Loup vient ici, nous le tuerons.

Le Loup se retira tout triste, et dit en s'en retournant :

– Les gens de cette contrée agissent tout autrement qu'ils ne parlent.

La Grenouille et le Renard

Une Grenouille ennuyée de son marécage, voulut aller dans les forêts parmi les autres bêtes, et faire publiquement profession de Médecine, se vantant d'effacer, par les connaissances qu'elle avait en cet Art, la science d'Hippocrate et de Galien.

Les autres animaux la crurent d'abord sur ses paroles ; mais le Renard plus fin et plus rusé se moqua d'elle et de son vain savoir.

– Comment se peut-il faire, lui dit-il, qu'avec une bouche si pâle et si livide, tu connaisses tous les secrets de la Médecine ? Si cela est, pourquoi ne te guéris-tu pas la première ?

– Ce trait de raillerie rendit la Grenouille toute honteuse, et détrompa les autres animaux.

Les deux Chiens

Un Chien était tellement accoutumé à mordre tous ceux qu'il rencontrait, que son Maître crut être obligé de lui attacher au col une sonnette, afin que tout le monde s'en donnât de garde.

Le Chien, tout fier de ce nouvel ornement, s'imagina que c'était une récompense de son courage et de sa vertu, et se mit à regarder tous les autres Chiens avec mépris.

Il y en avait un parmi eux, que son âge et ses services rendaient respectable.

– Mon ami, lui dit-il, tu ne prends pas garde que cette sonnette est plutôt une marque de la méchanceté de tes mœurs, que la récompense de ta vertu.

L'Âne couvert de la peau d'un Lion

Un Âne ayant trouvé par hasard la peau d'un Lion, s'en couvrit le dos sur-le-champ, et se para de cette dépouille.

Les autres bêtes qui le virent en cet équipage, et qui le prirent d'abord pour un véritable Lion, en furent alarmées, et se mirent à fuir de toute leur force.

Le Maître à qui appartenait l'Âne, le cherchait de tous côtés, et fut tout étonné quand il le vit déguisé de cette sorte.

L'Âne accourut vers son Maître, et se mit à braire. Sa voix et ses longues oreilles qu'il n'avait point cachées, le firent connaître malgré son déguisement. Son Maître le prit, et le condamna à son travail ordinaire.

Le Chameau

Le Chameau croyant sa condition malheureuse de se voir exposé sans aucune défense à ses ennemis, pria très instamment Jupiter de lui donner des cornes comme au Taureau, pour lui servir en même temps d'ornement et de défense.

Jupiter se moqua de la ridicule prière du Chameau.

Non seulement il ne lui donna pas les cornes qu'il demandait, mais même il lui accourcit les oreilles, pour le rendre encore plus difforme.

Le Paon et la Grue

Le Paon étant dans un repas avec la Grue, faisait la roue, et étalait ses plumes avec beaucoup de faste; il méprisait la Grue, et se mettait infiniment au-dessus d'elle.

– Que tu es laide, lui disait-il d'une manière insolente, et que la beauté de mon plumage est agréable.

Mais la Grue, pour confondre la vanité du Paon, se mit à voler, et lui dit en l'insultant :

– Que je suis légère, et que tu es pesant !

Les deux Amis et l'Ours

Deux voyageurs faisant chemin ensemble, aperçurent un Ours qui venait droit à eux.

Le premier qui le vit monta brusquement sur un arbre, et laissa son compagnon dans le péril, quoiqu'ils eussent été toujours liés jusqu'alors d'une amitié fort étroite. L'autre qui se souvint que l'Ours ne touchait point aux cadavres, se jeta par terre tout de son long, ne remuant ni pieds ni mains, retenant son haleine, et contrefaisant le mort le mieux qu'il lui fut possible.

L'Ours le tourna et le flaira de tous côtés, et approcha souvent sa hure de la bouche et des oreilles de l'Homme qui était à terre ; mais le tenant pour mort, il le laissa et s'en alla.

Les deux voyageurs s'étant sauvés de la sorte d'un si grand péril, et des griffes de l'Ours, continuèrent leur voyage. Celui qui avait monté sur l'arbre, demandait à son compagnon, en chemin faisant, ce que l'Ours lui avait dit à l'oreille, lorsqu'il était couché par terre.

– Il m'a dit, répliqua le Marchand, plusieurs choses qu'il serait inutile de vous raconter ; mais ce que j'ai bien retenu, c'est qu'il m'a averti de ne compter jamais parmi mes amis que ceux dont j'aurai éprouvé la fidélité dans ma mauvaise fortune.

Les deux Pots flottant sur l'eau

Le courant de l'eau entraîna par hasard deux Pots, dont l'un était de terre, et l'autre de fer.

Le Pot de terre évitait avec de grandes précautions l'approche et la rencontre du Pot de fer, qui lui dit par une espèce de reproche :

– Qu'appréhendez-vous. Je n'ai nulle envie de vous nuire, ni de vous faire aucun mal.

–Je le sais bien, répliqua le Pot de terre ; ce n'est nullement votre mauvaise volonté que je redoute ; mais si l'impétuosité de l'eau m'approche de vous, je suis perdu. Voilà pourquoi il vaut mieux que je m'éloigne pour me mettre en sûreté.

Le Singe et ses Enfants

Jupiter fit un jour assembler tous les Animaux devant son Tribunal, pour examiner lequel d'entre eux aurait de plus beaux enfants.

Toutes les Bêtes obéirent à cet ordre. Les Oiseaux y vinrent ; les Poissons parurent hors de l'eau pour voir décider cette question.

Le Singe s'y rendit le dernier de tous. Toutes les Bêtes, en voyant les fesses ridicules des petits Singes, firent de grands éclats de rire.

– Votre jugement, dit le Singe, ne décidera pas en cette matière ; c'est à Jupiter à déterminer, et c'est à lui qu'appartient de donner le prix de la beauté à qui le méritera le mieux. Je trouve dans mes petits tant d'agréments, qu'ils me semblent dignes d'être préférés à tous les autres.

Jupiter même, avec tout son sérieux et toute sa gravité, ne put s'empêcher de rire, lorsqu'il entendit ce petit discours du Singe qui paraissait charmé de la beauté et de la bonne grâce de ses petits.

Le Tigre et le Renard

Un Chasseur armé de traits et de flèches qu'il lançait de tous côtés avec beaucoup d'adresse, faisait à toute outrance la guerre aux Animaux, qui fuyaient devant un ennemi si redoutable, et qui n'osaient tenir la campagne.

Le Tigre plus fier et plus hardi que les autres, se présenta, et promit de faire tête lui seul à leur ennemi commun.

Le Chasseur lança avec raideur une flèche qui atteignit le Tigre. Il se mit à jeter de hauts cris, et à regarder de tous côtés pour reconnaître l'auteur de sa blessure.

Le Renard vint au-devant du Tigre, et lui demanda qui avait eu l'audace de blesser un animal si fier et si courageux.

– Je ne sais, répondit le Tigre ; mais je sens bien à ma blessure qu'elle vient d'un homme qui a beaucoup de force et de vigueur.

Les Taureaux et le Lion

Quatre Taureaux résolurent de se liguer ensemble pour leur conservation réciproque, et de ne se séparer jamais les uns des autres, pour être toujours en état de se secourir mutuellement.

Le Lion qui les voyait paître les uns auprès des autres, n'osa jamais les insulter, quoiqu'il se sentît extrêmement pressé de la faim.

Mais pour les vaincre plus aisément, il crut qu'il devait les séparer par de spécieux prétextes, afin de les attaquer séparément.

Cet artifice lui réussit, et il dévora les quatre Taureaux les uns après les autres.

Le Sapin et le Buisson

Le Sapin regardant avec mépris le Buisson, se vantait de sa hauteur, et de ce qu'on le choisissait pour être employé à la construction des Palais des Princes, à faire les mâts des plus grands vaisseaux, et il reprochait au Buisson de n'être bon à aucun usage.

Le Buisson répondit modestement au Sapin que les grands avantages dont il se vantait avec tant d'orgueil, l'exposaient à de grands malheurs ; car le Bûcheron le met en pièces sans miséricorde, et le jette par terre à coups de cognée ; au lieu que le Buisson vit en sûreté dans une condition plus obscure.

L'Avare et l'Envieux

Jupiter voulant connaître à fond les sentiments des hommes, envoya Apollon sur la terre pour sonder leurs inclinations. Il rencontra d'abord un Avare et un Envieux.

Il leur dit de la part de Jupiter qu'il avait ordre de leur accorder tout ce qu'ils lui demanderaient, à condition que le second aurait le double de ce que le premier aurait demandé.

Cette circonstance fut cause que l'Avare ne put jamais se résoudre à rien demander, dans l'appréhension qu'il eut que l'autre ne fût mieux partagé que lui ; mais l'Envieux demanda qu'on lui arrachât un œil, afin qu'on arrachât les deux yeux de l'Avare, selon les conventions d'Apollon.

Le Pêcheur et le petit Poisson

Un Pêcheur ayant pris un petit Poisson, dont le goût est très agréable, résolut de le manger.

Ce petit animal, pour se tirer des mains du Pêcheur, lui représentait qu'il devait lui donner le temps de croître et le priait très instamment de le relâcher, lui promettant de revenir de son bon gré mordre à l'hameçon au bout de quelque temps.

– Il faudrait que j'eusse perdu l'esprit, lui répliqua le Pêcheur, si je me fiais à tes promesses et si sous l'espérance d'un bien futur et incertain, je me privais d'un bien présent et assuré.

L'Enfant et l'Avare.

Un Enfant pleurait auprès d'un puits, et donnait des marques d'une grande douleur.

Un Avare qui passait par-là, s'approcha de lui, et lui demanda le sujet de ses larmes, et pourquoi il s'affligeait de la sorte.

– Que je suis malheureux, répondit cet Enfant, en pleurant toujours de plus en plus ! J'avais une cruche d'or, qui vient maintenant de tomber dans le puits, parce que la corde s'est rompue.

– L'Avare aveuglé par sa convoitise, ne s'avisa point de demander à l'Enfant d'où il avait apporté cette cruche d'or, ni comment elle lui était tombée entre les mains.

Sans balancer davantage, il quitte ses habits, et descend dans le puits, où il ne trouva point la cruche d'or dont l'Enfant lui avait parlé ; mais il fut bien plus surpris, lorsque, étant sorti du puits, il ne trouva point ses habits que l'Enfant avait emportés, et qu'il avait cachés dans la forêt voisine, où il s'était sauvé.

Le Lion et la Chèvre

Un Lion ayant aperçu une Chèvre qui broutait sur le haut d'un rocher :

– Que ne descends-tu dans la plaine, lui dit-il, où tu trouveras en abondance le thym et les saules verts que tu mangeras à ta discrétion ? Quitte ces lieux secs et stériles, et viens en pleine campagne.

– Je te suis fort obligée, lui répondit la Chèvre, du bon avis que tu me donnes ; mais ton intention me paraît suspecte, et je ne crois pas que tu me parles sincèrement.

La Corneille et la Cruche

La Corneille ayant soif, trouva par hasard une Cruche où il y avait un peu d'eau ; mais comme la Cruche était trop profonde, elle n'y pouvait atteindre pour se désaltérer.

Elle essaya d'abord de rompre la Cruche avec son bec ; mais n'en pouvant venir à bout, elle s'avisa d'y jeter plusieurs petits cailloux, qui firent monter l'eau jusqu'au bord de la Cruche.

Alors elle but tout à son aise.

Le Laboureur et le Taureau

Un Laboureur avait dans son étable un Taureau indocile, qui ne pouvait souffrir le joug, ni être lié ; mais pour l'empêcher de frapper de ses cornes, comme il avait accoutumé de faire, il s'avisa de les scier fort près du crâne, et l'attacha à une charrue, dont il tenait le manche.

Le Taureau ne pouvant plus frapper de ses cornes, pour se venger en quelque façon de son Maître qui l'avait mis sous le joug, lui remplissait la bouche et les yeux de poussière, qu'il faisait voler avec sa tête et ses pieds.

Le Satyre et le Paysan

Un Paysan ayant rencontré dans une forêt un Satyre demi-mort de froid, le conduisit dans sa maison.

Le Satyre voyant que ce Paysan soufflait dans ses mains, lui en demanda la raison.

– C'est pour les réchauffer, lui répondit-il.

Peu de temps après, s'étant mis à table, le Satyre vit que le Paysan soufflait sur son potage.

Il lui demanda, tout étonné, pourquoi il le faisait.

– C'est pour le refroidir, répliqua le Paysan.

Alors le Satyre se levant de table, sortit promptement de la maison.

– Je ne veux point de commerce, dit-il au Paysan, avec un homme qui souffle de la même bouche le chaud et le froid.

Le Taureau et le Rat

Un Rat alla mordre un Taureau couché sur sa litière, et lui déchirer la cuisse à belles dents.

Le Taureau se leva tout en furie, et commença à branler la tête, à menacer de ses cornes, et à jeter des mugissements épouvantables, cherchant partout l'ennemi qui avait osé l'attaquer ; mais le Rat allongeant la tête hors du trou où il s'était réfugié, et où il se trouvait en assurance, se moquait de la furie du Taureau.

– De quoi te servent, lui dit-il, tes cornes menaçantes, contre un petit animal qui a eu la hardiesse de t'attaquer, et de te blesser, sans redouter ta colère ?

Une Oie et son Maître

Un homme avait dans sa maison une Oie qui lui pondait chaque jour un œuf de pur or.

Cet homme se persuadant follement qu'il y avait dans le ventre de l'Oie une mine de ce précieux métal, la tua pour s'enrichir tout d'un coup.

Mais ayant ouvert le ventre de son Oie, et n'y trouvant que ce que l'on trouve dans les Oies ordinaires, il commença à se désespérer et à jeter de hauts cris ; de sorte qu'il perdit des richesses médiocres, voulant en amasser d'immenses et d'excessives.

Le Singe et ses deux Petits

Un Singe avait deux Petits jumeaux.

Il en aimait un passionnément, et ne pouvait souffrir l'autre.

Le favori était fort agile, dansait et sautait avec une grande légèreté, et faisait habilement toutes sortes de singeries.

Mais un jour par malheur il se démit une jambe en sautant, et commença à jeter de hauts cris. Le père qui l'entendit, accourut incontinent, le prit entre ses bras, et le serra d'une si étrange force, qu'il l'étouffa à force de l'embrasser.

Le Renard et le Léopard

Le Renard et le Léopard disputaient un jour ensemble de leurs talents et de leur beauté.

Le Léopard vantait sa peau mouchetée et peinte de diverses couleurs.

– J'avoue, lui dit le Renard, que ta peau est plus belle que la mienne ; mais en récompense j'ai dans l'esprit la même beauté et les mêmes agréments que tu as sur la peau.

Vénus et la Chatte

Un jeune homme avait un amour si violent pour une Chatte, qu'il pria très instamment la Déesse Vénus de la métamorphoser en femme.

Vénus touchée de compassion pour ce jeune homme, transforma la Chatte en une belle fille d'une rare beauté.

Ce jeune homme ne consultant que sa passion, conduisit sur-le-champ cette fille dans sa maison, pour se contenter. Ils ne furent pas plutôt dans le lit, que Vénus pour éprouver cette fille, et pour savoir si en changeant de figure elle avait aussi changé de tempérament, lâcha un rat dans sa chambre.

Alors cette nouvelle épouse oubliant son amant et le lit nuptial, sauta hors du lit, et se mit à poursuivre le rat pour le manger.

La Déesse irritée de sa légèreté, lui rendit sa première forme, et la fit redevenir Chatte.

Le Malade et le Médecin

Un Malade interrogé par son Médecin sur l'état de sa santé, et de quelle manière il avait passé la nuit, lui répondit qu'il avait extrêmement sué.

– C'est un bon signe, lui répliqua le Médecin.

Il fit le lendemain les mêmes questions que le jour précédent au Malade, qui lui dit que le froid l'avait tellement saisi, qu'il en avait pensé mourir.

– Ce pronostic est encore fort bon, lui repartit le Médecin.

Enfin le troisième jour le Médecin ayant demandé au Malade comment il se portait, et le Malade lui ayant répondu qu'il devenait hydropique.

– Tant mieux, répliqua ce Charlatan, cette crise est une marque de santé, et vous serez bientôt tiré d'affaire.

Après que le Médecin se fut retiré, l'un des amis du Malade lui demanda en quel état il se trouvait.

– Hélas ! mon ami, lui répliqua-t-il, on dit que je me porte bien, et cependant je sens bien que je vais mourir.

Les Coqs et la Perdrix

Un homme qui se plaisait à nourrir une grande quantité de Poulets, acheta une Perdrix qu'il mit dans sa basse-cour parmi ses autres volailles.

Dès que les Coqs la virent, ils lui donnèrent la chasse pour l'empêcher de manger, et ils la becquetèrent avec tant de violence, qu'elle fut obligée de s'enfuir.

La Perdrix fort affligée de se voir chassée de la sorte, parce qu'elle était étrangère et nouvelle venue, se consola un moment après, en voyant les Coqs acharnés les uns contre les autres se déchirer des griffes et du bec.

– S'ils se font une guerre si cruelle, dit la Perdrix, quoiqu'ils aient été nourris ensemble, et s'ils se traitent avec tant d'inhumanité, je ne dois pas m'étonner qu'ils m'aient rebutée, moi qui ne suis qu'une étrangère.

Le Charbonnier et le Foulon

Un Charbonnier avait loué une trop grande maison, et ne la pouvant occuper tout entière, il pria un Foulon de s'y venir loger avec lui, et d'y prendre un appartement.

Le Foulon[1] n'y voulut jamais consentir, et dit au Charbonnier pour excuse, que la fumée de son charbon noircissait tout ce qu'il aurait blanchi par sa teinture.

---

[1] Foulon = teinturier

La Chauve-Souris, le Buisson et l'Hirondelle

La Chauve-Souris, le Buisson et l'Hirondelle s'associèrent autrefois pour faire commerce ensemble.

La Chauve-Souris emprunta de l'argent pour mettre dans la Société.

Le Buisson y mit des habits.

L'Hirondelle apporta de l'or pour sa part.

Après tous ces préparatifs, quand leurs conventions furent faites, ils montèrent sur un Vaisseau ensemble ; mais il s'éleva tout à coup une si furieuse tempête, que leur Vaisseau fut brisé ; de sorte qu'ils eurent bien de la peine à sauver leur vie, après avoir perdu leur argent et leurs marchandises.

Depuis ce temps-là l'Hirondelle voltige auprès des rivages, pour voir si la mer n'y rejettera pas son or.

La Chauve-Souris ne se montre que de nuit, dans l'appréhension d'être prise par ses créanciers.

Le Buisson s'accroche à tous les habits des passants, pour tâcher de reconnaître les siens.

Les deux Hommes et l'Âne

Deux Voyageurs passant dans des lieux déserts, trouvèrent par hasard un Âne dans leur chemin.

Ils commencèrent à disputer entre eux à qui l'aurait, s'imaginant que la fortune leur avait fait ce présent.

La querelle s'échauffa de telle sorte qu'ils en vinrent aux mains, aucun des deux ne voulant céder à son compagnon ; mais tandis qu'ils disputaient et qu'ils se débattaient de la sorte, l'Âne se sauva, et ils furent tous deux frustrés de leurs espérances.

Le Lièvre et la Tortue

Le Lièvre considérant la Tortue qui marchait d'un pas tardif, et qui ne se traînait qu'avec peine, se mit à se moquer d'elle et de sa lenteur.

La Tortue n'entendit point raillerie, et lui dit d'un ton aigre, qu'elle le défiait, et qu'elle le vaincrait à la course, quoiqu'il se vantât fièrement de sa légèreté.

Le Lièvre accepta le défi. Ils convinrent ensemble du lieu où ils devaient courir, et du terme de leur course.

Le Renard fut choisi par les deux parties pour juger ce différend.

La Tortue se mit en chemin, et le Lièvre à dormir, croyant avoir toujours du temps de reste pour atteindre la Tortue, et pour arriver au but avant elle.

Mais enfin elle se rendit au but avant que le Lièvre fut éveillé. Sa nonchalance l'exposa aux railleries des autres Animaux. Le Renard, en Juge équitable, donna le prix de la course à la Tortue.

L'Ours et les Mouches à miel

Un Ours pressé de la faim, sortit du bois, pour chercher de quoi manger.

Ayant trouvé en son chemin des ruches à miel, il se mit à les lécher.

Une Abeille sortit de la ruche, et fit une piqûre très douloureuse à l'oreille de l'Ours, qui de rage renversa toutes les ruches à miel.

Alors les Abeilles irritées de cet outrage, sortent en foule de leurs ruches, s'acharnent sur l'Ours, et le piquent jusqu'au sang, pour se venger de leur ennemi, et du dégât qu'il avait fait à leurs ruches ; de sorte que l'Ours honteux et enragé, fut contraint de songer à la retraite, condamnant en lui-même sa brutalité et son emportement qui lui avaient attiré tant d'ennemis.

Le Chat et les Rats

Un Chat, la terreur des Rats, en avait presque détruit l'engeance.

Il eut bien voulu croquer le peu qui en restait ; mais le malheur des premiers avait rendu les derniers plus sages. Ceux-ci se tenaient si bien sur leurs gardes qu'il n'était pas aisé de les avoir.

– Je les aurai pourtant, dit le Chat, et bon gré mal gré qu'ils en aient.

Cela dit, il s'enfarine et se blottit au fond d'une huche.

Un Rat qui l'aperçut le prit pour quelque pièce de chair, et s'en approcha ; le Chat se retourne aussitôt sur ses deux pattes, et lui fait sentir sa griffe.

Un second vint après, puis un troisième, qui fut suivi de plusieurs autres, et de ceux-ci pas un ne s'en retourna.

Cependant un dernier, vieux et ratatiné mit la tête hors de son trou, et d'abord regarda de tous côtés ; puis de là, sans vouloir s'avancer plus loin, se mit à contempler le bloc enfariné ; enfin secouant la tête :

– À d'autres, mon ami s'écria-t-il ; il ne te sert de rien à mon égard de t'être ainsi blanchi ; quand tu serais farine, sac, huche, ou tout ce qu'il te plaira, je n'en approcherais pas en mille ans une fois.

Les Dragons

Deux Dragons voulurent passer au travers d'une haie vive, fort touffue, qui leur barrait le chemin ; l'un avait une tête et plusieurs queues, l'autre une queue et plusieurs têtes.

Ce dernier, quelques efforts qu'il fît, n'en put jamais venir à bout.

Comme toutes ces têtes se nuisaient les unes aux autres, elles ne purent se faire dans la haie une ouverture assez large pour y faire passer le corps de la bête.

L'autre eut moins de peine à se faire un passage; la tête s'ouvrit seule le chemin fort aisément, tira ensuite les queues, et fit si bien, que tête, corps et queues, tout passa.

Le Porc-épic et le Loup

Un Loup rencontra un Porc-épic, et s'avança dans le dessein d'en apaiser la faim qui le pressait.

Celui-ci, qui s'en aperçut, se hérissa d'abord de ses piquants.

– Si vous vouliez vous défaire de toutes ces pointes, lui dit l'autre, bien fâché de ne savoir par où le prendre, vous n'en seriez que mieux, car elles vous défigurent extrêmement ; croyez-moi, ne les portez plus.

– Les dieux m'en gardent, repartit le Porc-épic, en les dressant encore davantage. Ami, si ces piquants me parent mal, ils me défendent bien.

Le Chien invité

Un homme préparait un dîner pour traiter un de ses amis et familiers.

Son chien invita un autre chien.

– Ami, lui dit-il, viens céans dîner avec moi.

L'invité arriva plein de joie, et s'arrêta à regarder le grand dîner, murmurant dans son cœur :

– Oh ! quelle aubaine inattendue pour moi ! Je vais bâfrer et m'en donner tout mon soûl, de manière à n'avoir pas faim de tout demain.

Tandis qu'il parlait ainsi à part lui, tout en remuant la queue, comme un ami qui a confiance en son ami, le cuisinier le voyant tourner la queue de-ci, de-là, le prit par les pattes et le lança soudain par la fenêtre.

Et le chien s'en retourna en poussant de grands cris. Il trouva sur sa route d'autres chiens ; l'un d'eux lui demanda :

– Comment as-tu dîné, l'ami ?

Il lui répondit :

– À force de boire je me suis enivré outre mesure, et je ne sais même pas par où je suis sorti.

Cette fable montre qu'il ne faut pas se fier à ceux qui font les généreux avec le bien d'autrui

Le Coq et le Coq d'Inde

Le Coq est jaloux de son naturel. Celui-ci remarqua qu'un Coq d'Inde[2], qui vivait avec lui dans la même basse-cour, faisait la roue en présence de ses Poules, et en prit ombrage.

– Traître, lui disait-il, ce n'est pas sans dessein que tu fais montre de tes plumes. Tu cherches sans doute à plaire à mes femmes, et par conséquent à me les débaucher.

– Moi, repartit l'autre, c'est à quoi je n'ai jamais pensé, et tu t'alarmes bien mal-à-propos. Eh quoi ! ne saurais-tu souffrir que je fasse la roue devant tes femmes, quand je souffre, moi, que tu viennes chanter tout autant qu'il te plaît devant les miennes.

---

[2] Coq d'Inde = dindon

La Poule et ses Poussins

Une Poule mena ses Poussins aux champs, et s'écarta fort loin de sa basse-cour.

Pendant qu'elle ne pensait à rien moins qu'au Milan, celui-ci parut prêt à fondre sur sa couvée.

Tout ce qu'elle put faire alors pour la sauver, ce fut de fuir et de se sauver dans une ferme, d'où elle se trouvait fort proche, et de s'enfermer avec ses Poussins dans une cage qu'elle y trouva.

Le fermier, qui s'en aperçut, accourut, et prit ainsi d'un seul coup la mère et ses petits ; mais celle-ci s'en consola, parce que du moins elle avait, disait-elle, mis ses Poussins à couvert des serres de leur plus cruel ennemi.

Le Singe et le Perroquet

Un jour le Singe et le Perroquet pensèrent se donner pour Animaux raisonnables, et se mirent en tête de se faire passer pour tels.

Le premier crut qu'on le prendrait pour un homme, dès qu'il en aurait pris les habits.

L'autre s'imagina qu'il le ferait aussi, s'il pouvait contrefaire la voix humaine.

Le Singe donc s'habilla ; le Perroquet apprit quelques mots, après quoi l'un et l'autre sortirent de leurs bois et vinrent se produire à certaine foire.

Lorsqu'ils parurent, chacun y fut trompé : mais comme le Singe ne disait rien, et que le Perroquet ne disait jamais que la même chose, on sortit bientôt d'erreur.

Ainsi ceux qui les avaient pris d'abord pour de vrais hommes, ne les prirent, un quart d'heure après, que pour ce qu'ils étaient.

Le Loup, le Renard et le Singe

Le Loup et le Renard plaidaient l'un contre l'autre par devant le Singe.

Le premier accusait l'autre de lui avoir dérobé quelques provisions, celui-ci niait le fait.

Le Singe, qui connaissait de quoi l'un et l'autre étaient capables, ne savait lequel croire ; ainsi il se trouvait dans un grand embarras.

Voici pourtant comme il s'en tira : après bien des contestations de part et d'autre, il imposa silence aux parties, et prononça ainsi :

– Toi, Loup, je te condamne à payer l'amende, parce que tu demandes au Renard ce qu'il ne t'a point pris ; et toi, Renard, tu paieras aussi, parce que tu refuses de rendre au Loup ce que tu lui as dérobé.

Le Milan et le Rossignol

Un Milan fort affamé tenait un Rossignol sous ses serres.

– Milan s'écriait celui-ci, donnez-moi la vie, et je vous ferai entendre des chansons capables de vous ravir. Ma voix, vous le savez, enchanterait les dieux mêmes.

– J'en doute si peu, répliqua le Milan, que je t'écouterais de grand cœur, si je ne sentais qu'à présent j'ai beaucoup plus besoin de nourriture que de musique.

Cela dit, il le croque.

Les Rats tenant conseil

Les Rats tenaient conseil, et ils délibéraient sur ce qu'ils avaient à faire pour se garantir de la griffe du Chat, qui avait déjà croqué plus des deux tiers de leur peuple.

Comme chacun opinait à son tour, un des plus habiles se leva.

– Je serais d'avis, dit-il d'un ton grave, qu'on attachât quelque grelot au cou de cette méchante bête. Elle ne pourra venir à nous sans que le grelot nous avertisse d'assez loin de son approche ; et comme en ce cas nous aurons tout le temps de fuir, vous concevez bien qu'il nous sera fort aisé de nous mettre, par ce moyen, à couvert de toute surprise de sa part.

– Et toute l'assemblée applaudit aussitôt à la bonté de l'expédient.

La difficulté fut de trouver un Rat qui voulût se hasarder à attacher le grelot : chacun s'en défendit; l'un avait la patte blessée, l'autre la vue courte.

– Je ne suis pas assez fort, disait l'un.

– Je ne sais pas bien comment m'y prendre, disait l'autre.

Tous alléguèrent diverses excuses, et si bonnes,
qu'on se sépara sans rien conclure.

L'Aigle et de l'Escarbot

L'Aigle enlevait un Lapin, sans se mettre en peine des cris d'un Escarbot[3].

Celui-ci intercédait pour son voisin, et suppliait l'oiseau de donner la vie au Lapin ; mais l'Aigle, sans avoir égard aux prières du bestion[4], mit l'autre en pièces.

Elle ne tarda guère à s'en repentir ; car, quelques jours après, voici que l'Escarbot, qui avait pris le temps que l'Aigle s'était écartée de son nid, y vole, culbute tous les œufs, fracasse les uns, fait faire le saut aux autres, et par la destruction entière du nid, venge la mort de son ami.

---

[3] Escarbot = coléoptère
[4] Bestion = grosse bête

Le Souriceau et sa Mère

Un Souriceau racontait à sa mère tout ce qui lui était arrivé dans un voyage dont il était de retour.

– Un jour, lui disait-il, la curiosité me prit d'entrer dans une basse-cour, et là j'y trouvai un animal qui m'était inconnu, mais dont le minois me plut infiniment. L'air doux, la contenance modeste, le regard gracieux ; au reste, la peau marquetée, longue queue, et faite à peu près comme la nôtre ; voilà ce qui le rendait tout à fait plaisant à voir. Pour moi j'en fus si charmé, que déjà je l'abordais pour faire connaissance avec lui, lorsque certain oiseau farouche, turbulent, et qui portait sur sa tête je ne sais quel morceau de chair tout déchiqueté, m'effraya tellement par ses cris perçants, que j'en pris la fuite d'épouvante.

– Mon fils, lui dit la mère, remercie les Dieux qui t'ont sauvé dans cette rencontre du plus grand danger que tu puisses jamais courir. L'Animal qui t'a semblé si doux, c'est un Chat ; l'oiseau turbulent, c'est un Coq. Ce dernier ne nous veut aucun mal mais l'autre ne pense qu'à nous détruire. Reconnais donc maintenant quelle était ton imprudence, de courir te livrer toi-même à ton plus cruel ennemi.

Les Pêcheurs

Des Pêcheurs tiraient leurs filets hors de l'eau : comme ils les sentaient plus pesants que de coutume, ils en concevaient bonne espérance.

La pêche, se disaient-ils les uns aux autres, sera sans doute des meilleures ; et Dieu sait quels poissons nous allons voir dans nos rets.

Leur joie fut courte, car lorsqu'après beaucoup de fatigue, ils eurent vu le fond de leurs filets, ils n'y trouvèrent qu'un gros caillou, que le courant de la rivière y avait amené.

Le Loup et le Chien maigre

Un jour, un Loup rencontra un Chien d'assez bonne taille, mais si maigre, qu'il n'avait que les os et la peau.

Comme il allait le mettre en pièces :

– Eh ! Seigneur, lui dit le Chien, qu'allez-vous faire ? ne voyez-vous pas bien que je suis présentement dans un tel état, que je ne vaux pas un coup de dent ? Mais, croyez-moi, souffrez que je retourne au logis ; j'aurai soin, je vous jure, de m'y bien nourrir, et s'il vous prend envie d'y venir dans quelque temps, vous m'y trouverez si gras, que vous ne vous repentirez point d'avoir perdu un méchant repas pour en faire un incomparablement meilleur.

Le Loup le crut et le lâcha. Quelques jours après, il court au logis du Chien, l'aperçoit au travers des barreaux de la porte, et le presse de sortir pour lui tenir parole.

– Vous reviendrez demain, s'il vous plaît, lui dit le Chien ; car pour aujourd'hui, outre que je ne crois pas avoir encore atteint le degré d'embonpoint qui vous convient, je ne me sens pas fort d'humeur à vous contenter.

L'autre entendit à demi-mot. Il baissa l'oreille, et rebroussant chemin, jura qu'il ne laisserait jamais échapper ce qu'il tiendrait.

Le vœu d'un Malade

Un Laboureur dangereusement malade, voua cent Bœufs à Esculape. Il les lui devait immoler, bien entendu, lorsqu'il serait guéri.

– Cent Bœufs ! s'écria sa femme, vous n'y pensez pas mon fils ; eh ! grand dieu, où les prendre, quand je n'en vois pas un seul dans notre étable ?

– Taisez-vous, lui répondit le malade ; si j'en reviens, il faudra bien que le bon Esculape se contente, s'il lui plaît, de notre Veau.

L'Assassin qui se noie

Le Prévôt poursuivait un Assassin. Celui-ci fuyait, et de telle vitesse, que l'autre ne put l'atteindre, et se retira.

Alors le scélérat s'imagina qu'il n'avait plus rien à craindre, et crut que son crime demeurerait impuni ; mais le ciel se garda bien de le permettre.

Pendant que ce malheureux croit traverser un ruisseau où il était entré sans en connaître la profondeur, il y perd pied, et s'y noie.

Les Bœufs et l'Essieu

Deux Bœufs attelés à un chariot fort chargé, ne le tiraient qu'avec peine.

Cependant l'Essieu criait, et de telle sorte, que les Bœufs, étourdis du bruit qu'il faisait, s'arrêtèrent et se retournèrent vers lui.

– Importun, lui dirent-ils, eh ! qu'as-tu donc tant à crier, toi qui ne fatigues presque point, tandis que nous ne nous plaignons seulement pas, nous qui suons à tirer tout le fardeau ?

Le Lion et la Mouche

Une Mouche défia un Lion au combat, et le vainquit : elle le piqua à l'échine, puis aux flancs, puis en cent endroits ; entra dans ses oreilles, ensuite au fond de ses naseaux ; en un mot, le harcela tant, que de rage de ne pouvoir se mettre à couvert des insultes d'un insecte, il se déchira lui-même.

Voilà donc la Mouche qui triomphe, bourdonne, et s'élève en l'air. Mais comme elle vole de côté et d'autre pour annoncer sa victoire, l'étourdie va se jeter dans une toile d'Araignée et y reste.

– Hélas ! disait-elle, en voyant accourir son ennemie, faut-il que je périsse sous les pattes d'une Araignée, moi qui viens de me tirer des griffes d'un Lion ?

Le Coq et le Renard

Un Coq se tenait sur un chêne fort élevé.

Un Renard, qui ne pouvait l'y atteindre, courut au pied de l'arbre :

– Ami, cria-t-il à l'autre, bonne nouvelle ! Hier, la paix fut signée entre les tiens et les nôtres. Sans rancune donc, je te prie ; et puisque dorénavant nous devons tous nous entr'aimer comme frères, commençons par nous réconcilier. Viens donc, mon cher, descends que je t'embrasse.

– Ami, repartit le Coq, tu ne saurais croire combien cette nouvelle me réjouit. Je la crois certaine, car, si je ne me trompe, je vois là-bas deux courriers qui viennent nous en apporter la nouvelle. Demeure donc, je te prie ; et sitôt qu'ils seront arrivés, je descendrai pour nous en réjouir tous quatre ensemble.

Ces courriers étaient deux Lévriers. Le Renard ne jugea pas à propos de les attendre, et gagna pays; et le Coq se mit à rire à gorge déployée.

La Rose et les Fleurs

Les Fleurs contemplaient la Rose, et trouvaient dans ses nuances un éclat si vif qu'elles lui cédaient, presque sans envie, le prix de la beauté.

– Non, lui disaient-elles toutes d'une voix, notre coloris n'est ni si rare ni si beau. Nous n'exhalons point une odeur si douce. Triomphez, belle Rose : vous méritez seule les caresses des zéphyrs.

– Fleurs, dit la Rose en soupirant, lorsqu'un seul jour me voit naître et mourir, que me sert d'être si belle ? Hélas ! je voudrais l'être moins et durer, comme vous, davantage.

Le Cygne et la Grue

Le Cygne, à l'extrémité, chantait.

– Je ne vois pas, lui disait la Grue, quel sujet vous avez de vous réjouir dans l'état où vous êtes.

– Je sens que je vais mourir, répliqua le Cygne. Ai-je tort de marquer de la joie, quand je me vois sur le point d'être délivré de tous mes maux ?

La Canne et le Barbet

Un Barbet[5] poursuivait une Canne.

Celle-ci, pour se sauver, se jette dans un étang. L'autre s'y lance, et nage après elle. Comme il la suit, et de si près, qu'il ouvre déjà la gueule pour la prendre, la Canne fait le plongeon, s'enfonce et disparaît.

Ainsi le Chien perdit sa proie dans le moment même qu'il croyait la tenir.

---

[5] Barbet = chien griffon

L'Homme décoiffé

Un Homme chauve se vit obligé de couvrir sa tête de cheveux empruntés. Un jour, comme il dansait en bonne compagnie, il donna en sautant, un tel branle à son corps, que sa fausse chevelure en tomba par terre.

Chacun se mit à rire.

– Messieurs, dit le Danseur, dans le dessein de faire cesser la risée par quelque bon mot, vous ne devez pas être surpris que ces cheveux n'aient pu tenir sur la tête d'autrui, lorsqu'ils n'ont pu rester sur la leur propre.

Les Voyageurs et le Plane.

Vers le milieu d'un des plus chauds jours de la canicule, deux Voyageurs prenaient le frais à l'ombre d'un Plane[6].

Ils s'y étaient retirés pour se mettre à l'abri du soleil. Comme ils en considéraient les branches sans y apercevoir de fruit :

– Voilà, se disaient-ils l'un à l'autre, un méchant Arbre ; s'il m'appartenait, puisqu'il n'est bon à rien, je le ferais abattre et jeter au feu tout présentement.

– Ingrats, leur dit l'Arbre, n'est-ce donc rien que cet ombre que mon feuillage produit, et qui vous garantit si à propos des rayons que vous fuyez ?

---

[6] *Plane = platane ?*

Le Vieillard et la Mort

Un jour un Vieillard, portant du bois qu'il avait coupé, faisait une longue route.

Succombant à la fatigue, il déposa quelque part son fardeau, et il appela la Mort.

La Mort arriva et lui demanda pourquoi il l'appelait.

Alors le Vieillard épouvanté lui dit :

– Pour que tu soulèves mon fardeau.

Cette fable montre que tout Homme aime la vie, même s'il est malheureux et pauvre.

Le Crocodile et le Renard

Le Crocodile méprisait le Renard, et ne lui parlait que de sa noble extraction.

– Faquin, lui disait-il d'un ton arrogant, je te trouve bien hardi d'oser te faufiler avec moi. Sais-tu bien qui je suis ? sais-tu que ma noblesse est presque aussi ancienne que le monde ?

– Et comment pourrez-vous me prouver cela ? répliqua l'autre fort surpris.

– Très-aisément, reprit le Crocodile. Apprends que dans la guerre des géants, quelques-uns d'entre les dieux prirent la fuite, et vinrent, transformés en Crocodiles, se cacher au fond du Nil. C'est de ceux-là dont je descends en droite ligne. Mais toi, misérable, d'où viens-tu ?

–En vérité, repartit le Renard, c'est ce que je ne sais point, et ce que je n'ai jamais su. Croyez, Seigneur Crocodile, que je suis beaucoup plus en peine de savoir où je vais, que d'apprendre d'où je viens.

Les Grenouilles

Les Grenouilles virent dans le fort de l'été leurs marais à sec.

– Où nous retirerons-nous ? s'écrièrent-elles alors.

– Dans ce puits que vous voyez tout proche de vous, dit une des plus jeunes. L'eau l'emplit jusqu'à deux doigts du bord ; ainsi, il nous sera très-aisé d'y entrer.

– Fort bien, répliqua une des plus vieilles ; mais quand l'eau viendra à baisser, et que nous nous trouverons au fond de ce puits, à vingt pieds au moins de son ouverture, en sortirions-nous aussi aisément que nous y serons entrées ?

Les deux Ennemis

Deux Hommes, qui se haïssaient mortellement, s'étaient embarqués sur le même vaisseau.

Comme il cinglait à pleines voiles, une tempête s'éleva, et si grande, que le navire, battu des vents et fracassé par les vagues, s'entrouvrit. Dans cette extrémité, les deux passagers que l'eau commençait à gagner, se consolaient, quoiqu'ils se vissent sur le point d'être submergés.

– Si je péris, disaient-ils l'un et l'autre au fond du cœur, mon ennemi périt aussi.

L'Oiseleur et de la Vipère

Un Oiseleur cherchait à prendre des Oiseaux.

Comme il se baissait pour tendre ses réseaux, une Vipère le piqua au pied.

– Ah ! s'écria l'Homme, je n'ai que ce que je mérite. Pourrais-je être surpris qu'on m'ôte la vie, tandis que je ne pense, moi, qu'à la ravir aux autres?

Le Lion, l'Ours et le Renard

Le Lion et l'Ours s'entre-déchiraient, et cela pour quelques rayons de miel qu'ils avaient trouvés dans le creux d'un chêne.

Chacun d'eux prétendait en faire son profit, sans le partager avec son compagnon.

Ils eussent beaucoup mieux fait d'en faire deux parts ; car tandis qu'ils s'acharnent l'un sur l'autre, un Renard se glisse sans bruit près du miel, le lape et se sauve.

Du Dauphin et du Thon

Un Dauphin poursuivait un Thon, dans le dessein de se venger de quelque offense qu'il en avait reçue.

Ce dernier gagne le rivage, l'autre l'y suit. Et le Thon, pour échapper, sauta sur le sable, et le Dauphin s'y lança avec lui.

Mais voici que froissés de leur chute, ils y demeurèrent tous deux étendus. Cependant l'air de la terre agit sur eux. Ils s'affaiblissent hors de leur élément, et meurent, non sans s'être repentis de n'avoir consulté que leur ressentiment.

L'Astrologue

Un Astrologue contemplait les astres en marchant : il eût beaucoup mieux fait de regarder à ses pieds ; car tandis qu'il lève les yeux et les tient toujours fixés vers le ciel, voici que sans voir un puits qu'on avait creusé sur son chemin, il en approche, et de si près, qu'il s'y précipite et s'y noie.

Le Fossoyeur et le Médecin

Un Fossoyeur enterrait son Voisin. Comme il achevait de combler la fosse, il aperçut le Médecin qui avait traité le défunt pendant sa maladie.

– Je vous croyais si habile, lui dit-il, que je m'étais imaginé que vous tireriez votre malade d'affaire.

– J'ai fait tout ce que j'ai pu pour cela, répliqua le docteur ; mais cet Homme était malsain.

– Et s'il ne l'avait pas été, repartit le Fossoyeur en secouant la tête, aurait-il eu besoin de vous ?

L'Âne qui change de Maître

L'Âne d'un Jardinier se lassa de se lever avant le point du jour pour porter des herbes au marché.

Un jour il pria Jupiter de lui donner un Maître chez qui il pût, disait-il, au moins dormir.

– Soit, dit le Maître des dieux, ; et cela dit, voilà le Baudet chez un Charbonnier.

Il n'y eut pas resté deux jours qu'il regretta le Jardinier.

– Encore, disait-il, chez lui j'attrapais de temps en temps à la dérobée quelques feuilles de chou ; mais ici que peut-on gagner à porter du charbon ? des coups, et rien davantage.

Il fallut donc lui chercher une autre condition. Jupiter le fit entrer chez un Corroyeur[7], et le Baudet, qui n'y pouvait souffrir la puanteur des peaux dont on le chargeait, criait plus fort que jamais, et demanda pour la troisième fois un autre Maître.

Alors le dieu lui dit :

– Si tu avais été sage, tu serais resté chez le premier. Quand je t'en donnerais un nouveau, tu

---

7 *Corroyeur = tanneur*
163

n'en serais pas plus content que des autres. Ainsi, reste où tu es, de peur que tu ne trouves encore ailleurs plus de sujet de te plaindre.

Le Lion et la Grenouille

Un Lion se coucha sur les bords d'un marais, et s'y assoupit.

Comme il y dormait d'un sommeil profond, une Grenouille se mit à croasser ; à ce bruit, l'autre s'éveille ; et comme il croit que quelque puissant Animal vient l'attaquer, il se lève, et regarde de tous côtés.

Mais quel est son étonnement, lorsqu'il aperçoit celle qui l'avait si fort épouvanté ?

Le Marchand et la Mer

Un Marchand chargea un vaisseau de marchandise, et partit pour les Indes.

Lorsqu'il mit à la voile, le vent était favorable et la Mer tranquille : mais à peine eut-il perdu le port de vue, que le vent changea tout-à-coup ; la Mer éleva ses vagues, poussa le navire sur un banc de sable et l'y fit échouer.

Le Marchand vit périr toutes ses marchandises, et ne se sauva qu'avec peine sur quelques débris du vaisseau. Quelques jours après, comme il se promenait sur le rivage où il avait abordé, il vit la Mer calme, et qui semblait lui dire de se rembarquer de nouveau.

– Perfide Mer, s'écria-t-il, c'est en vain que par une feinte tranquillité tu cherches à m'attirer. S'y fie qui voudra ; quant à moi, je n'ai point encore oublié de quelle manière tu m'as traité ces jours passés, je ne suis pas d'humeur à me fier une seconde fois à qui vient de me donner des preuves de son infidélité.

Les deux Coqs et l'Aigle

Deux Coqs se battirent à outrance, et cela pour l'amour d'une Poule qui les avait rendus rivaux.

Le vaincu prit la fuite, et se retira dans un coin de la basse-cour, pendant que le vainqueur montait sur le haut du poulailler, pour y chanter sa victoire.

Celui-ci ne s'en réjouit pas longtemps ; car tandis qu'en battant des ailes, il ne pensait qu'à y faire éclater sa joie, l'Aigle, qui l'avait aisément découvert sur le haut de ce toit, vint fondre sur lui et le mit en pièces.

Le Castor et les Chasseurs

Des Chasseurs poursuivaient un Castor ; dans le dessein de tirer profit de certaine partie de son corps. Ils avaient coutume d'en employer la chair comme un remède souverain contre plusieurs maux.

Le Castor, qui savait leur intention, n'eut pas plutôt reconnu qu'il ne pouvait leur échapper, qu'il la prit à belles dents, et se la retrancha.

Alors les Chasseurs, satisfaits d'avoir ce qu'ils cherchaient, cessèrent de le poursuivre, et se retirèrent. Ainsi le Castor, qui fort sagement jugea à propos de se défaire d'une partie qu'il ne pouvait conserver sans perdre le tout, se sauva par son jugement.

Le Berger et le Chien

Un Berger avait donné plusieurs fois à son Chien les Brebis qui mouraient chez lui de maladie.

Un jour, une des plus grasses de son troupeau tomba malade ; alors le Chien parut plus triste que de coutume.

Le Berger lui en demanda la cause ; sur quoi l'autre lui répondit qu'il ne pouvait, sans s'affliger, voir la meilleure Brebis du troupeau en danger de périr.

– Tu me portes bien la mine, lui repart l'Homme, de penser beaucoup plus à ton intérêt qu'au mien. Tu as beau dissimuler, va, je suis bien persuadé que tu ne t'attristes de la maladie de ma Brebis, que parce que tu crains qu'en réchappant, elle ne t'échappe.

Le Cerf et le Faon

Le Faon soutenait à son Père que la nature lui avait donné de si grands avantages sur le Chien, qu'il n'avait aucun lieu de le craindre.

– Si jamais, disait-il au Cerf, nous en venons aux prises le Chien et moi, comptez que je n'aurai pas de peine à le battre, car, outre que je suis plus haut, et par conséquent plus fort que lui, je vois ma tête armée d'un bois que la sienne n'a point.

– Mon fils, repartit l'autre, donnez-vous bien de garde de l'attaquer, la partie ne serait pas égale. Si les dieux lui ont refusé le bois qu'ils vous ont donné, ils lui ont fait présent d'un cœur que vous n'avez point.

L'Avare et le Passant

Un Avare enfouit son trésor dans un champ ; mais il ne put le faire si secrètement qu'un Voisin ne s'en aperçût.

Le premier retiré, l'autre accourt, déterre l'or et l'emporte.

Le lendemain l'Avare revient rendre visite à son trésor. Quelle fut sa douleur lorsqu'il n'en trouva que le gîte ! Un dieu même ne l'exprimerait pas. Le voilà qui crie, pleure, s'arrache les cheveux, en un mot se désespère.

À ses cris, un Passant accourt.

– Qu'avez-vous perdu, lui dit celui-ci, pour vous désoler de la sorte ?

– Ce qui m'était mille fois plus cher que la vie, s'écria l'Avare : mon trésor que j'avais enterré près de cette pierre.

– Sans vous donner la peine de le porter si loin, reprit l'autre, que ne le gardiez-vous chez vous : vous auriez pu en tirer à toute heure, et plus commodément l'or dont vous auriez eu besoin.

– En tirer mon or ! s'écria l'Avare : ô ciel ! je n'étais pas si fou. Hélas ! je n'y touchais jamais.

– Si vous n'y touchiez point, répliqua le Passant, pourquoi vous tant affliger ? Eh, mon ami, mettez une pierre à la place du trésor, elle vous y servira tout autant.

Le Renard et le Sanglier

Un Sanglier aiguisait ses défenses contre le tronc d'un arbre.

– À quoi bon, lui dit un Renard, te préparer au combat, quand tu ne vois ni Chien ni Chasseur ?

– Hé, dois-je attendre, répliqua l'autre, que je les aie en queue, pour songer à tenir mes armes en état, quand ils ne me donneront pas le temps d'y penser ?

Le Berger et le Louveteau

Un Berger trouva un Louveteau que la Louve avait abandonné; il le prit et l'emporta dans sa cabane ; là, il le nourrit, et l'éleva parmi les Chiens qui gardaient son troupeau.

Il aurait beaucoup mieux fait de l'assommer, car le Louveteau, qui d'abord n'avait fait aucun mal tant qu'il s'était senti faible, ne fut pas plutôt Loup, qu'après avoir étranglé les Chiens, pendant que le Berger dormait, il courut se jeter sur les Brebis, et les mit toutes en pièces.

Le Savetier Médecin

Un Savetier des plus ignorants dans son métier, trouva si peu son compte au profit qui lui en revenait, qu'il lui prit fantaisie d'en changer.

Un jour il se mit en tête d'être Médecin, et le fut, au moins ou le crut tel. Quelques termes de l'art qu'il apprit, son effronterie et son babil, joints à l'ignorance de ses Voisins, eurent bientôt fait d'un artisan très-maladroit un fort habile Charlatan.

Il publia partout que la vertu de ses remèdes était infaillible, et chacun le crut sur sa parole.

Un de ses Voisins, pourtant moins dupe que les autres, s'en moqua ; voici comment.

Il se dit attaqué d'un mal de tête, et mande le docteur. Celui-ci vient, et raisonne fort au long sur le prétendu mal ; ensuite il assure le malade qu'il l'en délivrera, et en peu de temps, pourvu qu'il veuille s'abandonner à ses soins.

– Pauvre ignorant, repartit le Voisin, en éclatant de rire, et comment pourrai-je me résoudre à te livrer ma tête, quand je ne voudrais pas seulement te confier mes pieds ?

La Chauve-Souris et la Belette

Une Chauve-Souris étant tombée à terre fut prise par une Belette, et, sur le point d'être mise à mort, elle la suppliait de l'épargner.

La Belette répondit qu'elle ne pouvait la relâcher, étant de sa nature ennemie de tous les volatiles.

L'autre affirma qu'elle était non pas un Oiseau, mais une Souris et fut ainsi remise en liberté.

Plus tard elle tomba une seconde fois et fut prise par une autre Belette. Elle lui demanda de ne pas la dévorer, et comme la Belette lui répondait qu'elle était l'ennemie de tous les Rats, elle affirma qu'elle n'était pas un Rat, mais une Chauve-Souris et elle fut une deuxième fois relâchée.

Voilà comment en changeant deux fois de nom elle assura son salut. Cette fable montre que nous non plus nous ne devons pas nous tenir aux mêmes moyens, attendu que ceux qui se transforment selon les circonstances échappent souvent au danger.

Le Trompette

Un Trompette, après avoir sonné la charge, fut pris par les Ennemis.

Comme un d'entre eux levait le bras pour le percer de son épée :

– Quartier, s'écria le prisonnier. Considérez que je ne me suis servi que de ma trompette, et qu'ainsi je n'ai pu ni tuer ni blesser aucun des vôtres.

– Tu n'en mérites pas moins la mort, répliqua l'autre en lui plongeant l'épée dans le ventre, méchant qui ne tue jamais, il est vrai, mais qui excite les autres à s'entre-tuer.

Le Laboureur et ses Chiens

Un Laboureur détela les Bœufs de sa charrue dans un temps de famine, les tua, dans la vue de s'en nourrir, lui et sa famille.

Ses Chiens qui s'en aperçurent, sortirent aussitôt du logis, et gagnèrent pays.

– Sauvons-nous, se disaient-ils les uns aux autres. Si cet Homme tue des Animaux, dont il a si grand besoin pour son labourage, que ne nous fera-t-il point à nous, qui ne lui sommes pas à beaucoup près si nécessaires !

L'Âne et le Lion chassant

L'Homme sans mérite qui vante sa gloire en paroles trompe ceux qui ne le connaissent pas, est la risée de ceux qui le connaissent.

Le Lion, voulant chasser en compagnie de l'Âne, le couvrit de ramée et lui recommanda d'épouvanter les Animaux du son inaccoutumé de sa voix afin de les arrêter au passage.

Celui-ci dresse de toutes ses forces ses oreilles avec une clameur soudaine et terrifie les bêtes de ce prodige d'un nouveau genre.

Tandis qu'épouvantées elles gagnent leurs issues habituelles, le Lion les terrasse d'un élan terrible. Quand il fut las de carnage, il appela l'Âne, lui dit d'étouffer ses cris.

Alors l'autre, insolemment :

– Comment trouves-tu cet effet de ma voix ?

– Merveilleux, dit le Lion, au point que, si je n'avais connu ton caractère et ta race, j'aurais été pris de la même erreur.

La Vieille et deux Servantes

Une Vieille n'avait pas plutôt entendu le chant de son Coq, que tous les matins, elle allait une heure avant le point du jour éveiller ses deux Servantes.

Alors il fallait se lever pour prendre ensuite une quenouille, qu'on ne quittait que longtemps après le coucher du soleil.

Celle-ci, qui séchait de fatigue et d'insomnie, prit un jour le Coq et le tua, dans la pensée qu'elle dormirait tout à son aise, sitôt que sa maîtresse aurait perdu son réveille-matin.

Mais tout le contraire arriva. Le Coq mort, la Vieille, qui n'entendait plus ce chant qui la réglât, était toute la nuit sur pied et courait éveiller ses Servantes, lorsqu'à peine celle-ci avait eu le temps de se coucher.

L'Âne et le Cheval

Un Cheval couvert d'une riche housse, allait trouver son Maître à la guerre.

Un Âne le vit passer; alors il ne peut s'empêcher de soupirer, et d'envier le bonheur de l'autre.

– Suis-moi, lui dit le Cheval qui s'en était aperçu, et tu partageras la gloire dont je vais me couvrir.

Le Baudet ne se le fit pas dire deux fois et le suivit. Il arrive au camp ; et d'abord soldats, armes, pavillons, le bruit des tambours, le font tressaillir d'aise. Mais quelques jours après, lorsqu'il vit le Cheval obligé de porter son Maître dans la mêlée, au risque de mille coups, il sentit diminuer sa joie, et pensa à ce qu'il avait quitté.

Un moment après il baissa les oreilles, et tourna le dos. Puis, malgré tout ce que l'autre put lui dire pour l'engager à rester, il courut au grand trot reprendre le chemin du moulin.

Le Paon et la Pie

Un jour les Oiseaux s'assemblèrent à dessein de nommer entr'eux un roi, qui fût capable de les gouverner.

Chaque Oiseau, pour se concilier les suffrages de l'assemblée, fit valoir tout autant qu'il le put les avantages qu'il avait reçus de la nature.

L'Aigle parla de sa force, le Coq de son courage, le Perroquet de sa mémoire, et la Pie de son esprit.

Mais ce fut en vain que les uns et les autres vantèrent à la diète leurs bonnes qualités. On n'y fit pas la moindre attention ; au contraire, le récit qu'ils en firent ennuya.

Là-dessus le Paon vint à son tour étaler sa belle queue.

Dès qu'il parut, les Oiseaux, charmés de la bigarrure de son plumage, lui donnèrent leurs voix ; de sorte que sans vouloir écouter les remontrances de la Pie, qui soutenait que ce Paon n'avait point d'autre mérite que celui de sa queue, ils lui rendirent hommage, et sur le champ le proclamèrent roi.

Le Bœuf et la Vache

Un Bœuf suait à tirer la charrue sur un terrain fort pierreux.

Une Vache en riait.

– Pauvre malheureux, lui criait-elle, je ne doute point que tu n'envies cent fois le jour mon sort. Avoue que tu voudrais te voir nourri et chéri comme je le suis sans essuyer la moindre fatigue.

Comme elle parlait, un sacrificateur arrive, et lui fait prendre le chemin du temple pour la conduire à l'autel, et là l'immoler à son dieu.

– Orgueilleuse, lui dit alors le Bœuf, ton sort te semble-t-il maintenant si digne d'envie ? il est vrai que je viens de souhaiter d'être à ta place ; mais confesse à ton tour, que tu voudrais bien te voir à présent à la mienne.

Le Dauphin qui porte un Singe

Un Dauphin côtoyait de fort près en nageant le rivage de la mer.

– Bon, dit un Singe qui l'aperçut, voici un moyen pour voir la pleine mer tout à mon aise. Je ne l'ai jamais vue, et ainsi il faut que je me contente.

Cela dit, il s'approche du rivage, ensuite il s'élance, et retombe sur le dos du poisson. Celui-ci qui aime l'Homme, crut qu'il en portait un, et mena le Singe assez loin.

Là-dessus, ce dernier, charmé de voguer sur l'Océan, jette un cri de joie. À ce cri, l'autre lève la tête, envisage le Singe, et le reconnaît.

Le Dauphin fit sauter sa charge en l'air d'un coup de sa queue, et se replonge aussitôt au fond de la mer.

Le Serpent conduit par sa queue

Un jour le Serpent vit sa queue s'élever contre sa tête.

– Quel orgueil ! disait la première à l'autre, de s'imaginer, comme vous faites, que je ne pourrais pas vous mener aussi bien que vous me menez ; comme si mon jugement était fort inférieur au vôtre? Il y a assez de temps, ce me semble, que je vous suis, suivez- moi maintenant à votre tour, et vous verrez si tout n'en ira pas beaucoup mieux.

Cela dit, elle tire la tête et rebrousse chemin, heurte tout ce qui se trouve sur son passage ; ici se froisse contre une pierre ; là trouve des ronces qui la déchirent ; puis un peu plus loin va se jeter dans un trou.

Elle n'eut pas fait vingt pas, que tout le Serpent fut en très-mauvais état.

Alors elle se laissa gouverner, et convint, en suivant la tête comme à l'ordinaire, que tout était bien mieux conduit par elle que par la queue.

Jupiter, Apollon et Momus

– Prêtez-moi pour un moment votre arc, dit un jour Jupiter à Apollon, je veux vous montrer que j'en sais tirer, et même plus juste que vous. Voyez-vous ce chêne planté sur la cime de l'Olympe ? je veux que la flèche que je vais décocher aille droit au milieu du tronc de l'arbre. Cela fait, vous tâcherez d'en faire autant, et qu'après cela Momus **8** nomme le plus adroit de nous deux.

Disant cela, il prend l'arc d'Apollon, et le bande.

Le trait part. Mais au lieu d'aller droit, il s'écarte, rase le visage du juge, et va se briser contre des rochers, à cent pas à côté du but.

– Maître des dieux, dit Momus en se levant tout effrayé du danger qu'il venait de courir, j'ignore si les coups d'Apollon sont plus justes, mais ce que je sais de certain, c'est qu'ils ne m'ont jamais donné la peur que le vôtre vient de me causer. Ainsi, croyez-

---

8 *Momus = Dieu de la moquerie*

moi, reprenez votre foudre, et vous, seigneur Apollon, votre arc, et tout n'en sera que mieux.

Cela dit, sans vouloir ni s'expliquer davantage, ni prendre garde au coup de l'autre, il se retira, et de cette manière laissa, par ménagement pour Jupiter, la gageure indécise.

Le Renard qui a perdu sa queue

Un Renard tomba dans un piège, et s'en retira, mais ce ne fut qu'après y avoir laissé sa queue pour gage. Il en était au désespoir ; car le moyen de se montrer aux autres ainsi écourté, sans exciter leurs risées ?

Pour s'en garantir, que fait-il ? Il se met en tête d'avoir des compagnons ; ensuite il assemble les Renards, leur conseille en ami, disait-il, de se défaire de leurs queues ; elles embarrassaient beaucoup plus qu'elles n'ornaient ; ce n'était qu'un poids fort superflu. En un mot, une queue ne servait, à l'entendre, qu'à balayer les chemins.

Il eut beau le remontrer, on le hua dans toute l'assemblée.

– Ami, lui dit un vieux Renard, j'ignore ce qu'on pourrait gagner à se passer d'une queue ; mais ce que je sais certainement, c'est que tu ne m'en aurais jamais fait observer l'inutilité, si tu avais encore la tienne.

Le Vigneron et ses Enfants

Un Vigneron se sentit proche de sa fin. Alors il appela ses Enfants :

– Mes Enfants, leur dit-il, je ne veux point mourir sans vous révéler un secret que je vous ai tenu caché jusqu'à présent, pour certaines raisons. Apprenez que j'ai enfoui un trésor dans ma vigne : lorsque je ne serai plus, et que vous m'aurez rendu les derniers devoirs, ne manquez pas d'y fouiller, et vous le trouverez.

Le bon Homme mort, les Enfants coururent à la vigne, et retournèrent le champ de l'un à l'autre bout; mais ils eurent beau fouiller et refouiller, ils n'y trouvèrent rien de ce que le Père leur avait fait espérer.

Alors ils crurent qu'il les avait trompés ; mais ils reconnurent bientôt qu'il ne leur avait rien dit que de véritable. Le champ ainsi retourné devint si fécond, que la vigne leur rapporta, pendant plusieurs années, le triple de ce qu'elle avait accoutumé de produire.

Les deux Chiens

Deux Chiens gardaient au logis. L'un, tout joyeux, dit à l'autre :

– Frère, je viens d'apprendre que notre Maître se marie dans sa maison des champs. Or, tu sais qu'il n'est point de noces sans festin ; c'est pourquoi, si tu veux m'en croire, nous irons tous deux en prendre notre part, et la chère que nous y ferons, Dieu le sait !

Cela dit, ils partent, et prennent si mal leur chemin, qu'ils s'engagent dans certains marécages, et ne s'en retirent que tout couverts de fange

Dans cet état, ils arrivent au lieu de la noce. Ils comptaient sur un grand accueil de la part des conviés, mais fort mal à propos, dès qu'ils parurent, chacun s'écria contre leur malpropreté.

À peine étaient-ils entrés dans la salle du festin, qu'on les en chassa, l'un à coups de pied, et l'autre à coups de bâton. Tout se passa de sorte que nos deux Chiens crottés s'en retournèrent fatigués, affamés et battus.

La Mule

Une Mule grasse et rebondie, ne faisait que parler, dans sa jeunesse, de sa Mère la Jument ; mais elle changea de langage, lorsqu'elle se vit, dans sa vieillesse, réduite à porter la farine au moulin.

Alors, elle se ressouvint de l'Âne, et confessa de bonne foi qu'il était son Père.

Le jeune Homme et la Fortune

Un jeune Homme s'était couché sur le bord d'un puits : pendant qu'il y dormait, la Fortune passa.

Celle-ci n'eut pas plutôt reconnu le danger où l'autre était, qu'elle courut à lui, et le tira par le bras.

– Mon fils, lui dit-elle en l'éveillant, si vous étiez tombé dans ce puits, on n'aurait pas manqué de m'en imputer la faute. Cependant, je vous laisse à penser si c'eut été la mienne ou la vôtre.

Le jeune Homme et l'Hirondelle

Une Hirondelle se hâta un peu trop de repasser les mers, et vint quelques jours avant l'arrivée du printemps revoir le pays d'où elle s'était retirée aux approches de l'hiver.

Un jeune Homme la vit arriver dans un jour assez beau.

– Bon, dit-il en lui-même, voici l'avant-courrière de la belle saison ; plus de froid, ainsi je puis me passer de cette robe, qui commence à me peser sur les épaules.

Cela dit, il courut la vendre, et dissipa par de folles dépenses l'argent qu'il en eut. Il ne tarda guère à s'en repentir ; car quelques jours après, le froid revint, et si rude, que le jeune Homme en fut saisi, faute de robe, et mourut, aussi bien que l'Hirondelle, dont l'augure lui avait été si funeste.

L'Astrologue volé

Un Voleur entra dans la maison d'un Astrologue.

Cependant celui-ci se donnait en pleine place pour un prophète des plus clairvoyants dans l'avenir.

Comme il s'y vantait d'avoir acquis, par l'inspection des astres, la connaissance de tout ce qui devait arriver dans les siècles les plus reculés, un des assistants qui avait aperçu le Voleur, l'interrompit.

– Et le moyen, lui dit-il, de croire que tu sais l'avenir, quand je vois, à n'en pas douter, que tu ne sais pas même le présent ? Car enfin, mon ami, si tu le savais, tu courrais au plus vite chez toi en chasser le Voleur que je viens d'y voir entrer.

Jupiter et les Besaces

Après que les Hommes eurent été formés, Jupiter s'aperçut qu'ils avaient des défauts si grands qu'ils ne pourraient eux-mêmes les souffrir, s'il ne leur en ôtait la connaissance.

Il jugea donc à propos de les éloigner de leur vue ; et pour cet effet, il prit tous ces défauts, et en remplit plusieurs Besaces; puis il les distribua, donna à chacun la sienne, et la lui mit sur le dos ; de telle manière que les défauts d'autrui pendaient dans la poche de devant, et ceux du porteur dans celle du derrière.

La Poule trop grasse

Une Poule pondait tous les jours un œuf à son Maître.

– Elle m'en pondra deux, disait celui-ci en lui-même, si je lui donne double nourriture.

Là-dessus le voilà qui lui jette et rejette du grain d'heure en heure, et en abondance. Mais qu'arriva-t-il ? La Poule, à force d'être bien nourrie, devint si grasse, que bientôt elle pondit moins, et enfin ne pondit plus.

Jupiter et la Tortue

Un jour Jupiter manda les Animaux. Il voulait pour se récréer, les voir tous ensemble, et en considérer la diversité.

Ceux-ci obéirent, et accoururent à grande hâte. La Tortue seule se fit attendre, et si longtemps, qu'on crut qu'elle ne viendrait pas. Elle arriva pourtant, mais la dernière; et sur ce qu'on s'en plaignait, elle voulut représenter qu'avant que de partir, il lui avait fallu transporter sa maison en lieu de sûreté; ce qui lui avait fait, disait-elle, perdre beaucoup de temps.

Mais l'excuse fut si peu goûtée, qu'on ne lui donna pas le temps de la faire valoir. À peine eut-elle commencé à parler de sa maison, que Jupiter, qui voulait être obéi, et sans délai, la lui mit sur le dos.

De là vient qu'en punition de sa faute, elle la porte encore aujourd'hui.

La Biche et la Vigne

Deux Chasseurs poursuivaient une Biche : celle-ci se sauva dans une Vigne, et s'y cacha si bien sous le pampre, que les Chasseurs, qui l'avaient perdue de vue, rebroussèrent chemin.

Cependant la Biche, qui se croyait hors de danger, rongeait les ceps qui la couvraient. Ce fut pour son malheur ; car dès qu'elle les eut dépouillés de leurs feuilles, elle parut tellement à découvert, que les Chasseurs l'aperçurent en se retirant.

Alors ils retournèrent sur leurs pas, atteignirent la Biche, et la tuèrent.

Le Laboureur et le Renard

Un Laboureur ensemença ses terres, et tout y crût à merveille. Comme il était à la veille de couper ses grains :

– Je t'empêcherai bien de serrer ta récolte, dit en lui-même un de ses voisins qui le haïssait.

Cela dit, il allume un flambeau, et l'attache à la queue d'un Renard qu'il avait pris dans un terrier aux environs de ses champs ; ensuite il le traîne près de celui de l'autre, le pousse vers un guéret tout couvert de bleds, et le lâche.

Il pensait par ce moyen réduire ces blés en cendre ; mais voici ce qui arriva.

Le Renard au lieu d'aller en avant, rebroussa chemin pour retourner à son terrier ; et comme il ne pouvait le gagner sans passer sur le champ de celui qui cherchait à se venger, il se lança tout au travers des blés de ce dernier, et y mit le feu. Ainsi tout le mal tomba sur le méchant Laboureur qui vit tous ses grains consumés par son propre artifice.

Le Palefrenier et le Cheval

Un Seigneur eut besoin aux champs d'un Cheval qu'il avait laissé à la ville, et manda à son Palefrenier qu'il eût à le lui amener au lieu où il était.

Celui-ci, l'ordre reçu, partit avec le Cheval.

Comme ils passaient tous deux au travers du pré de leur Maître, l'Homme s'aperçut que l'autre baissait la tête et y broutait à la dérobée quelque peu d'herbe.

— Larron, lui dit-il en le frappant rudement, ne sais-tu pas bien que cette herbe appartient à notre Maître, et que d'en prendre comme tu fais, c'est lui faire du tort.

— Mais toi-même, repartit le Cheval, qui ne me donnes jamais que la moitié de l'avoine qu'il m'achète, ignores-tu que cette avoine lui appartient, et que d'en dérober l'autre moitié, comme c'est ta coutume, pendant que je maigris à vue d'œil, faute de nourriture, c'est lui faire un tort bien plus considérable que celui que tu me reproches ? Cesse donc de me maltraiter. Si tu veux que je lui sois

fidèle, commence par m'en donner le premier
l'exemple.

La Poule et le Chat

Une Poule avala par mégarde quelque insecte venimeux, et en tomba malade.

Comme elle n'allait qu'en traînant l'aile, un Chat l'aborda :

– Ma fille, lui dit-il d'un ton officieux, n'y aurait-il pas moyen de vous soulager ?

– Oui, repartit la Poule, il en est un des plus sûrs, et il ne tiendra qu'à toi de l'employer.

– Et ce moyen, quel est-il, ma chère ? reprit le Chat.

– C'est, répondit l'autre, de vouloir bien te tirer à quartier, et le plus loin qu'il te sera possible.

Le Chasseur et le Berger

Un chasseur allait et revenait d'un air empressé de çà, de là, tantôt dans la forêt, puis dans la plaine.

– Que cherchez-vous ? lui dit un Berger qui le voyait s'agiter.

– Un Lion, répondit l'autre, qui m'a dévoré, ces jours passés, un de mes meilleurs Chiens. Que je le trouve, et je lui apprendrai à qui il se joue.

– Suivez-moi, reprit le Berger, et je vous montrerai la caverne où il se retire.

– Ami, lui repartit l'autre en changeant de couleur, outre qu'il est un peu tard, je me sens à présent trop fatigué pour pouvoir m'y rendre aujourd'hui ; mais compte que je reviendrai demain avant le point du jour te prier de m'y conduire.

Ce jour venu le Berger l'attendit et l'attend encore.

L'Âne chargé d'éponges

Un Âne chargé de sel se plongea dans une rivière, et si avant que tout son sel se fondit.

Quelques jours après, comme il repassait chargé d'éponges près du même gué, il courut s'y jeter, dans la pensée que le poids de sa charge y diminuerait comme il avait diminué la première fois; mais le contraire arriva.

L'eau emplit les éponges, et de telle sorte qu'elles s'enflèrent. Alors la charge devint si pesante, que le Baudet qui ne pouvait plus la soutenir, culbuta dans le fleuve, et s'y noya.

L'Aigle percé d'une flèche

Un Aigle s'arracha quelques plumes et les laissa tomber à terre.

Un chasseur les ramassa, ensuite il les ajusta au bout d'une flèche, et de cette même flèche perça l'Aigle.

– Hélas ! disait l'Oiseau comme il était sur le point d'expirer, je mourrais avec moins de regret, si je n'avais été moi-même, par mon imprudence, la première cause de ma mort.

Le Milan

Le Milan eut autrefois la voix fort différente de celle qu'il a maintenant.

Voici par quelle aventure; d'agréable qu'elle était, elle devint par l'imprudence de cet Oiseau, très-déplaisante.

Un jour il entendit un Cheval qui hennissait : alors il se mit en tête de hennir comme lui ; mais quelque peine qu'il se donnât pour y parvenir, il n'en put jamais venir à bout.

Le mal fut qu'à force de vouloir contrefaire la voix du Cheval, il gâta la sienne, et s'enroua si fort, qu'il ne fit plus entendre qu'un cri rauque et effrayant.

Une Femme

Une Femme avait un ivrogne pour Mari. Voulant le délivrer de ce vice, elle imagina la ruse que voici.

Quand elle le vit alourdi par l'excès de la boisson et insensible comme un mort, elle le prit sur ses épaules, l'emporta et le déposa au cimetière, puis elle partit. Quand elle pensa qu'il avait repris ses sens, elle revint au cimetière et heurta à la porte.

L'ivrogne dit :

– Qui frappe ?

La Femme répondit :

– C'est moi, celui qui porte à manger aux morts.

Et l'autre :

– Ce n'est pas à manger, l'ami, mais à boire qu'il faut m'apporter. Tu me fais de la peine en me parlant de nourriture au lieu de boisson.

Et la Femme se frappant la poitrine :

– Hélas, malheureuse, dit-elle, ma ruse n'a servi de rien. Car toi, mon Mari, non seulement tu n'en es pas amendé, mais tu es devenu pire encore, puisque ta maladie est tournée en habitude.

Cette fable montre qu'il ne faut pas s'attarder aux mauvaises actions, car même sans le vouloir, l'Homme est la proie de l'habitude.

Le Lion, le Sanglier et les Vautours

Le Lion et le Sanglier acharnés l'un sur l'autre s'entredéchiraient.

Cependant des Vautours regardaient attentivement le combat, et se disaient les uns aux autres :

– Camarades, à bien juger des choses, il n'y a ici qu'à gagner pour nous. Ces Animaux-ci ne quitteront point prise, que l'un des deux ne soit par terre. Ainsi, ou Lion, ou Sanglier, voici la proie qui ne peut nous manquer.

Ils n'y comptaient pas à tort ; car ils l'eurent en effet et même plus grosse qu'ils ne pensaient. Le Sanglier fut étranglé sur l'heure par le Lion, et celui-ci que l'autre avait percé d'un coup de ses défenses, mourut quelques jours après de sa blessure, de sorte que les Vautours profitèrent de l'un et de l'autre.

L'Âne qui porte une Idole

Un Âne chargé d'une Idole passait au travers d'une foule d'Hommes ; et ceux-ci se prosternèrent à grande hâte devant l'effigie du dieu qu'ils adoraient.

Cependant l'Âne, qui s'attribuait ces honneurs, marchait en se carrant, d'un pas grave, levait la tête et dressait ses oreilles tant qu'il pouvait.

Quelqu'un s'en aperçut, et lui cria :

– Maître Baudet, qui croyez ici mériter nos hommages, attendez qu'on vous ait déchargé de l'Idole que vous portez, et le bâton vous fera connaître si c'est vous ou lui que nous honorons.

Les Loups et les Brebis

Un jour les Loups dirent aux Brebis :

– Amies, en vérité nous ne saurions concevoir comment vous pouvez supporter les mauvais traitements que vos Chiens vous font à chaque moment. De bonne foi, à quoi vous servent ces brutaux à la queue de votre troupeau ? À vous gêner continuellement, le plus souvent à vous mordre, et à vous faire mille violences. Croyez-nous, débarrassez-vous en, et sur l'heure, car enfin, que craignez-vous ? n'êtes-vous pas assez fortes pour vous défendre seules contre quiconque voudrait vous nuire !

Sur ses discours les Brebis se crurent en effet fort redoutables, et dans cette pensée, l'on courut aussitôt congédier les Chiens; mais on ne tarda guère à s'en repentir. Les Loups n'eurent pas plutôt vu les Chiens éloignés qu'ils se jetèrent sur les Brebis, et les étranglèrent toutes.

Le Fleuve et sa Source

Un Fleuve s'élevait contre sa Source.

– Considère, lui disait- il, ce lit large et profond, vois de combien de ruisseaux, de combien de rivières, mes eaux sont grossies. Grâce au ciel, me voilà Fleuve. Mais toi, chétive Source, qu'es-tu ? un maigre filet d'eau qu'un rayon de soleil tarirait, si la roche dont tu sors ne t'en mettait à l'abri.

– Insolent, repartit la source, il te sied bien vraiment de me mépriser, toi qui, sans moi, serais encore dans le néant.

Le Bouvier et la Chèvre

Un Bouvier frappa une Chèvre à la tête, et si rudement, qu'il lui rompit une de ses cornes.

Il ne l'eut pas plutôt fait, qu'il s'en repentit, et pria la Chèvre de n'en point parler au Maître du troupeau.

– Hé, pauvre sot, répliqua l'autre, quand je serais assez bonne pour ne lui rien dire, n'a-t-il pas des yeux pour voir qu'il me manque une corne ?

Le Pilote

Le vent était favorable et la mer tranquille, et cependant un Pilote y visitait son vaisseau, plaçait son ancre, préparait ses cordages, allait deçà, delà autour de ses voiles, et prenait garde à tout. Un de ses passagers s'en étonna.

– Patron, lui dit-il, à quoi bon vous empresser si fort ? À voir cette agitation, qui ne croirait que nous serions à la veille de péril ? et cependant la mer et le vent, tout nous rit. Que craignez-vous ?

– Rien pour le présent, répondit le sage pilote ; mais pour l'avenir, je crains toujours. Lorsque nous y penserons le moins, une tempête peut s'élever. Où en serions-nous, je vous prie, si elle venait nous surprendre au dépourvu ?

Le Corroyeur et le Financier

Un Corroyeur vint se loger proche d'un Financier. Celui-ci, qui ne pouvait supporter la mauvaise odeur des peaux de son Voisin, lui intenta procès et voulut l'obliger à s'éloigner de son voisinage.

L'autre se défendit, appela de vingt sentences, chicana ; en un mot il fit si bien que l'affaire traîna en longueur. Cependant le Financier s'accoutuma à l'odeur, et si bien, qu'après avoir regretté l'argent qu'il avait consumé mal à propos à plaider, il souffrit son Voisin, et ne s'en plaignit plus.

Le jeune Homme et sa Maîtresse

Un jeune Cavalier accourut au logis d'une Femme qu'il aimait éperdument. Sitôt qu'il y fut entré, il quitta son manteau, puis il se mit à parler de son amour, et passa ainsi la journée avec sa Belle.

Le soir, comme il se retirait, l'autre lui fit entendre qu'elle avait besoin de quelque argent pour faire certaines emplettes : le Galant lui ouvrit sa bourse et aussitôt on la lui prit toute entière. Un moment après, la Dame eut si grande envie de la bague qu'il portait au doigt, qu'elle la lui demanda et l'eut.

Alors le Cavalier, qui n'avait plus rien à donner, remit son manteau sur ses épaules, prit congé d'elle et sortit.

Cependant, la Belle fondait en larmes et se désespérait. À ses cris, une de ses voisines, qui avait remarqué le départ du jeune Homme, accourut, et crut la consoler, en lui disant que son Amant ne tarderait guère à revenir.

– Hé, ma chère ! s'écria l'autre toute désolée, ce n'est pas la personne que je regrette, c'est ce manteau que je lui vois remporter.

Le Chien du Maréchal

Le Chien d'un Maréchal avait coutume de s'endormir au pied de l'enclume de son Maître.

Celui-ci avait beau y battre et rebattre son fer à grands coups de marteau, jamais le Chien ne s'en éveillait. Tout au contraire, le Maréchal avait-il quitté son ouvrage, et commencé à prendre son repas, le Chien, au seul bruit qu'on faisait en mangeant, était d'abord sur pied, et courait vite à la table.

Le Berger et la Brebis

Un Berger, sa houlette à la main, en frappait rudement une de ses Brebis.

– Je vous donne de la laine et du lait, s'écriait celle-ci. Quand je ne vous fais que du bien, ingrat, avez-vous bien le cœur de ne me faire que du mal ?

– Ingrate vous-même, repartit le Berger d'un ton hautain, vous qui nc me tenez point compte de la vie que ma bonté vous laisse, quand il ne tient qu'à moi de vous l'ôter chaque instant

La jeune Veuve

Une jeune Femme vit mourir son Époux, et en parut inconsolable.

Comme elle se désolait, son Père, Homme de sens, l'aborda, et feignit qu'un de ses voisins la demandait en mariage. Il le lui représenta jeune, bien fait, spirituel ; en un mot, si propre à lui faire oublier celui qu'elle venait de perdre qu'elle ouvrit l'oreille, écouta, et pleura moins.

Bientôt elle ne pleura plus.

Enfin, comme elle vit que son Père, content de la voir moins affligée, se retirait en gardant le silence sur l'article qui l'avait consolée :

– Et ce jeune Homme si accompli que vous me destiniez pour Époux, dit-elle avec dépit, vous ne m'en parlez plus, mon Père ?

L'Aigle et la Pie

Les Oiseaux n'eurent pas plutôt chargé l'Aigle du soin de les gouverner, que celle-ci leur fit entendre qu'elle avait besoin de quelqu'un d'entr'eux sur qui elle pût se décharger d'une partie du fardeau qu'elle avait à porter.

Sur quoi la Pie sortit des rangs de l'assemblée, et vint lui faire offre de ses services.

Elle représenta, qu'outre qu'elle avait le corps léger et dispos pour exécuter promptement les ordres dont on la chargerait, elle avait, avec une mémoire très-heureuse, un esprit subtil et pénétrant ; d'ailleurs, qu'elle était adroite, vigilante, laborieuse, et cela sans compter mille autres bonnes qualités ; elle allait en faire le détail, lorsque l'Aigle l'interrompit.

– Avec tant de perfections, lui dit-elle, vous seriez assez mon fait, mais le mal est que vous me semblez un peu trop babillarde.

– Cela dit, comme elle craignait que la Pie n'allât divulguer, lorsqu'elle serait à la cour, tout ce qui s'y passerait de secret, elle la remercia, et sur le champ la renvoya.

L'Epervier et le Rossignol

Un rossignol perché sur un chêne élevé chantait à son ordinaire. Un épervier l'aperçut, et, comme il manquait de nourriture, il fondit sur lui et le lia.

Se voyant près de mourir, le rossignol le pria de le laisser aller, alléguant qu'il n'était pas capable de remplir à lui seul le ventre d'un épervier, que celui-ci devait, s'il avait besoin de nourriture, s'attaquer à des oiseaux plus gros.

L'épervier répliqua : « Mais je serais stupide, si je lâchais la pâture que je tiens pour courir après ce qui n'est pas encore en vue. »

Cette fable montre que chez les hommes aussi, ceux-là sont déraisonnables qui dans l'espérance de plus grands biens laissent échapper ceux qu'ils ont dans la main.

Le Mourant et sa Femme

Un Malade tirait à sa fin ; cependant sa Femme s'en désespérait.

– Ô mort ! s'écriait-elle toute en larmes, viens finir ma douleur ; hâte-toi, viens terminer mes jours. Trop heureuse si, contente de m'ôter la vie, tu voulais épargner celle de mon Époux. Ô mort, redisait-elle, que tu tardes à venir : parais, je t'attends, je te souhaite, je te veux.

– Me voilà, dit la mort en se montrant : que souhaites-tu de moi ?

– Hélas ! répondit la Femme, tout effrayée de la voir si proche d'elle, que sans prolonger les douleurs de ce Malade, tu daignes au plus tôt mettre fin à sa langueur.

Le Voleur et le pauvre Homme

Un Voleur entrait pendant la nuit dans la chambre d'un pauvre Homme ; au bruit qu'il fit en ouvrant la porte, l'autre, qui dormait, s'éveilla, et jeta d'épouvante un tel cri, que toute la maison en retentit.

Le Voleur, qui ne s'y attendait pas, en fut lui même si effrayé, que sans penser au manteau qu'il cherchait, il jeta celui qui était sur ses épaules pour fuir plus vite, et sortit du logis.

Ainsi la perte tomba sur celui qui croyait gagner, et le gain sur celui qui comptait perdre.

L'Homme qui ne tient compte du trésor

Un Homme fort opulent trouva dans son chemin un trésor.

Comme tout lui riait alors, et qu'il ne pouvait s'imaginer qu'il dût jamais avoir besoin de ce qu'il voyait sous sa main, il ne daigna pas se baisser pour le prendre, et passa.

Quelque temps après, un vaisseau qu'il avait chargé de ses meilleurs effets, périt avec tout ce qu'il portait, tandis qu'un Marchand faisait banqueroute et lui emportait une somme considérable.

Ensuite le feu prit à son logis, et le consuma entièrement, avec tous ses meubles ; puis il perdit un procès qui acheva de le ruiner.

Alors il se ressouvint de ce qu'il avait rejeté, et courut à l'endroit où il l'avait laissé ; mais il n'en était plus temps. Comme il n'était qu'à vingt pas du gîte, un passant moins dégoûté, qui avait découvert le trésor, l'emportait et courait de toute sa force.

Le Lièvre et la Perdrix

Un Lièvre se trouva pris dans les lacets d'un Chasseur ; pendant qu'il s'y débattait, mais en vain, pour s'en débarrasser, une Perdrix l'aperçut.

– L'ami, lui cria-t-elle d'un ton moqueur, eh que sont donc devenus ces pieds dont tu me vantais tant la vitesse ? L'occasion de s'en servir est si belle ! garde-toi bien de la manquer. Allons, évertue-toi ; tâche de m'affranchir cette plaine en quatre sauts.

C'est ainsi qu'elle le raillait ; mais on eut bientôt sujet de lui rendre la pareille ; car pendant qu'elle ne songe qu'à rire du malheur du Lièvre, un Épervier la découvre, fond sur elle et l'enlève.

Le Vieillard qui se marie à contretemps

Un Homme ne songea point à se marier tant qu'il fut dans l'âge d'y penser. Pendant qu'il pouvait plaire, personne ne lui plut ; mais lorsque, devenu vieux, il se vit, par le nombre de ses ans, à charge à toutes les femmes, il voulut en prendre une.

Enfin, comme il était presque décrépit, il fit choix d'une jeune beauté.

Le Barbon fit si bien valoir ses grands biens, et fit à la belle des avantages si considérables, qu'il la fit consentir à lui donner la main, et l'épousa, mais il ne tarda guère à s'en repentir.

À peine eut-il prononcé le oui qu'il reconnut la faute qu'il venait de faire.

– Hélas, s'écriait-il tout glacé, devais-je m'embarrasser d'une chose qui m'est à présent si inutile, moi qui n'ai jamais voulu m'en charger dans un temps où elle me convenait ?

Le Savant et le Sot

Un Philosophe méditait dans son cabinet.

Un Sot l'y trouva seul, et en fut tout surpris.

– La raison, lui dit-il, qui peut vous porter à tant aimer la retraite, je ne la concevrais pas, je vous jure, en mille ans.

– Tu la concevrais en moins d'un instant, repartit l'autre en lui tournant le dos, si tu savais que ta présence et celle de tous tes pareils me fait souffrir.

La mauvaise Voisine

Une Femme acariâtre cherchait à tout moment querelle à ses Voisins, et toujours mal à propos.

Ceux-ci s'en plaignaient à son Mari.

– Oh ! la méchante Femme, lui disaient-ils, elle ne fait que gronder, crier, tempêter, et cela tant que le jour dure. Eh, le moyen qu'on puisse vivre avec cette Mégère ?

– Eh le moyen, répliqua le Mari, que j'y puisse vivre, moi qui me vois obligé de passer avec elle, non seulement les jours, mais encore les nuits ?

Le Lion amoureux

Un Lion devint amoureux de la Fille d'un Chasseur, et ce fut si éperdument, qu'il courut chez le Père, et la lui demanda en mariage.

Celui-ci, qui ne pouvait s'accommoder d'un gendre si terrible, la lui eût refusée net, s'il eût osé ; mais comme il le craignait, il eut recours à la ruse.

– Comptez sur ma Fille, dit-il au Lion, je vous l'accorde ; mais avant que d'en approcher, songez que vous ne sauriez lui marquer votre tendresse, qu'elle ne soit en danger d'être blessée, ou par vos dents, ou par vos ongles. Ainsi, Seigneur Lion, trouvez bon, s'il vous plaît, qu'après vous avoir limé les unes, on vous rogne encore les autres. Vos caresses en seront moins dangereuses, et par conséquent plus agréables.

Le Lion, que l'amour aveuglait, consentit à tout, et sans penser qu'il allait se mettre à la merci de son ennemi, se laissa désarmer.

Dès qu'il le fut, les Chiens, le Chasseur et la Fille même se jetèrent sur lui, et le mirent en pièces.

Les Passagers et le Pilote

Un vaisseau poussé par la tempête vint échouer sur la côte, et là s'entrouvrit. Comme il était sur le point d'être submergé par les vagues, les Passagers qui s'y étaient embarqués, jetaient de grands cris et se désespéraient.

Ils auraient pu songer à chercher les moyens de se sauver, mais la peur les troublait à tel point, qu'ils ne pensaient, les mains levées vers le ciel, qu'à implorer le secours des dieux.

Cependant le Pilote leur criait, en quittant ses habits :

– Amis, s'il est bon de montrer ses bras à Jupiter, il ne l'est pas moins, dans le péril où nous sommes, de les tendre à la mer.

Cela dit, il s'y jette, et si bien, qu'à force de nager, il gagne la côte; il ne s'y fut pas plutôt sauvé, qu'il vit la mer engloutir, avec le vaisseau, ceux qui n'avaient eu d'autre ressource que celle de leurs vœux.

Le Pêcheur et les Poissons

Un Pêcheur n'eut pas plutôt jeté ses filets dans la mer, que les Poissons, gros et petits, y entrèrent en foule.

Dès qu'ils s'y virent pris, ils cherchèrent à s'en retirer, mais tous n'eurent pas le bonheur d'échapper.

Les petits passèrent fort aisément au travers des mailles, dont les ouvertures se trouvaient encore trop larges pour eux ; mais les gros n'en purent faire autant.

Comme ils ne trouvaient partout que des issues trop étroites, ils restèrent au fond des rets, à la merci du Pêcheur, qui les y prit tous.

Le Loup et la Brebis

Un Loup que les Chiens avaient longtemps poursuivi, se trouva si recru de lassitude, qu'il fut obligé de s'arrêter à quelque distance d'un ruisseau où une Brebis se désaltérait.

Comme il mourait de soif et de faim, et que les forces lui manquaient à tel point qu'il ne pouvait passer outre pour chercher ce qui lui était nécessaire, il appela la Brebis, et la pria de lui apporter à boire.

Son dessein était de la croquer dès qu'il aurait bu, et par ce moyen de mettre remède à tout.

Mais celle-ci, qui s'en doutait, se garda bien de sortir de l'endroit où elle était.

– Ami, lui cria-t-elle, je te secourrais, tout Loup que tu es, très volontiers ; mais comme tu me parais avoir autant besoin de chair que d'eau, je pense que je ferais beaucoup mieux de m'éloigner de toi que de m'en approcher.

Cela dit, elle se retira à grande hâte, et laissa le Loup crier tout autant qu'il lui plut.

Les deux Chiens qui crèvent à force de boire

Deux Chiens passaient le long d'un fleuve ; comme ils le regardaient, ils y aperçurent une pièce de chair qui flottait assez loin d'eux. Alors l'un dit à l'autre :

– Camarade, il nous faut bien garder de manquer cette proie, et pour l'atteindre, j'imagine un expédient qui me semble sûr. Toute cette eau qui coule entre ce que tu vois et la rive où nous sommes, nous pouvons la boire. Or, sitôt que nous l'aurons bue, tu conçois bien qu'il faut que l'endroit où ce friand morceau flotte, reste à sec, et ainsi il nous sera fort aisé d'arriver jusqu'à lui. Compte, mon cher, qu'il ne peut nous échapper.

Et cela dit, ils en burent tous deux de telle sorte, qu'à force de se gonfler d'eau, ils perdirent bientôt haleine, et crevèrent sur la place.

Le Lion et la Mouche

Une Mouche défia un Lion au combat, et le vainquit : elle le piqua à l'échine, puis aux flancs, puis en cent endroits ; entra dans ses oreilles, ensuite au fond de ses naseaux ; en un mot, le harcela tant, que de rage de ne pouvoir se mettre à couvert des insultes d'un insecte, il se déchira lui-même.

Voilà donc la Mouche qui triomphe, bourdonne, et s'élève en l'air. Mais comme elle vole de côté et d'autre pour annoncer sa victoire, l'étourdie va se jeter dans une toile d'Araignée et y reste.

– Hélas ! disait-elle, en voyant accourir son ennemie, faut-il que je périsse sous les pattes d'une Araignée, moi qui viens de me tirer des griffes d'un Lion ?

La Taupe et sa Fille

Un Laboureur poursuivait une Taupe, dans le dessein de la tuer : celle-ci qui, faute d'yeux, avait peine à se conduire, fuyait vers son trou du mieux qu'elle pouvait.

– Ma mère, lui cria sa Fille, il est impossible que vous vous sauviez, si quelqu'un ne vous conduit. Suivez-moi donc, et je vous mènerai droit où vous voulez aller.

– Eh, ma Fille, répliqua l'autre, comment pourrai-je te prendre pour guide, quand je sais que tu ne vois pas toi-même plus clair que moi !

Le Rossignol et l'Hirondelle

L'Hirondelle volant loin des champs trouva dans une forêt déserte le Rossignol au chant clair.

Philomèle pleurait Itys prématurément arraché à la vie.

Et l'Hirondelle lui dit :

– Salut, très chère. C'est la première fois que je te vois depuis la Thrace, mais viens dans la campagne et dans la demeure des Hommes ; tu vivras sous notre toit et tendrement aimée. Tu chanteras pour les laboureurs, non pour les bêtes.

Le Rossignol à la voix sonore lui répondit :

– Laisse-moi habiter dans les rochers déserts, car les maisons et la fréquentation des Hommes rallumeraient en moi le souvenir de mes anciennes misères.

Cette fable signifie qu'il vaut mieux vivre sans souffrances dans la solitude que d'habiter avec le malheur dans les cités.

Le Hérisson et le Serpent

Un Hérisson que des Chasseurs poursuivaient, se coula sous une roche, où le Serpent se retirait, et pria celui-ci de souffrir qu'il s'y cachât : ce qu'on lui accorda très-volontiers.

Les Chasseurs retirés, le Serpent qui se trouvait fort incommodé des piquants du Hérisson, lui remontra qu'il pouvait se retirer, sans péril, où bon lui semblerait : ensuite il le pria de sortir de son trou.

– Moi, sortir, repartit l'autre ? Les dieux m'en gardent ! Apprenez, insolent, que j'ai ici autant et plus de droit que vous.

Comme celui-ci était le plus fort, il ne lui fut pas difficile de prouver net ce qu'il avançait.

Le Singe et le Chat

Le Singe et le Chat méditaient au coin du feu comment ils s'y prendraient pour en tirer des marrons qui y rôtissaient.

– Frère, dit le premier à l'autre, ces marrons que tu vois, il nous les faut avoir à tel prix que ce puisse être ; et pour cela, comme je te crois la patte plus adroite que la mienne, tu n'as qu'à t'en servir, écarter tant soit peu cette cendre, et nous les amener ici.

L'autre approuve l'expédient, range d'abord les charbons, puis la cendre, porte et reporte la patte au milieu du feu, en tire un, deux, trois ; et pendant qu'il se grille, le Singe les croque.

Un Valet vient sur ces entrefaites troubler la fête, et les galants prennent aussitôt la fuite. Ainsi le Chat eut toute la peine, et l'autre tout le profit.

L'Âne chargé et le Cheval

Un Homme avait un Cheval et un Âne, et comme ils voyageaient ensemble, l'Âne, qui était beaucoup chargé, pria le Cheval de le soulager, et de prendre une partie de son fardeau, s'il voulait lui sauver la vie ; mais le Cheval lui refusant ce service, l'Âne tomba, et mourut sous sa charge : ce que voyant le Maître, il écorcha l'Âne, et mit sur le Cheval toute sa charge avec sa peau ; alors le Cheval s'écria :

– Ô que je suis malheureux ! je n'ai pas voulu prendre une partie de sa charge, et maintenant il faut que je la porte toute entière, et même sa peau.

Le Cerf

Le Cerf étant vivement pressé par les Chasseurs, se sauva dans l'étable des Bœufs ; mais l'un d'eux lui dit :

– Que fais-tu, malheureux ? c'est t'exposer à une mort certaine, que de te mettre ici à la merci des Hommes.

– Pardonnez-moi, dit le Cerf, si vous ne dites mot, je pourrai peut-être me sauver; cependant, la nuit vint, et le Bouvier apporta des herbes pour repaître les Bœufs, et ne vit point le Cerf. Les Valets de la maison, et le Métayer même entrèrent et sortirent de l'étable sans l'apercevoir.

Alors le Cerf se croyant hors de danger, se mit à complimenter les Bœufs, et à les remercier de ce qu'ils l'avaient voulu cacher parmi eux : ils lui répondirent qu'ils désiraient bien tous qu'il se pût sauver, mais qu'il prît garde de tomber entre les mains du Maître ; car sa vie serait en grand danger.

En même temps le Maître, qui avait soupé chez un de ses amis, revint au logis : comme il avait remarqué, depuis peu de jours, que ses Bœufs devenaient maigres, il voulut voir comme on les traitait. Entrant donc dans l'étable, et s'approchant de la crèche :

– D'où vient, dit-il à ses gens, que ces pauvres Bœufs ont si peu à manger, et que leur litière est si mal faite, avec si peu de paille ? – Enfin, comme il regardait exactement de tous côtés, il aperçut le Cerf avec ses grandes cornes, et appelant toute sa famille, ordonna qu'on le tuât.

Le Cuisinier et le Chien

Un Chien étant entré dans la cuisine, et épiant le temps que le Cuisinier l'observait le moins, emporta un cœur de Bœuf, et se sauva.

Le Cuisinier le voyant fuir après le tour qu'il lui avait joué, lui dit ces paroles :

– Tu me trompes aujourd'hui impunément; mais sois bien persuadé que je t'observerai avec plus de soin, et que je t'empêcherai bien de me voler à l'avenir ; car tu ne m'as pas emporté le cœur ; au contraire tu m'en as donné.

Les pertes et la mauvaise fortune ouvrent l'esprit, et font que l'Homme prend mieux ses précautions pour se garantir des disgrâces qui le menacent.

Le Renard et le Singe

Le Lion ayant établi son empire sur les Animaux avait enjoint de sortir des frontières de son royaume à ceux qui étaient privés de l'honneur de porter une queue.

Épouvanté, le Renard se préparait à partir pour l'exil. Déjà il pliait bagage.

Comme le Singe, ne considérant que l'ordre du roi, disait que cet édit ne concernait pas le Renard, qui avait de la queue, et à revendre :

– Tu dis vrai, dit celui-ci, et ton conseil est bon, mais comment savoir si entre les Animaux dépourvus de queue le Lion ne voudra pas me compter au premier rang. Celui qui doit passer sa vie sous un tyran, même s'il est innocent, est souvent frappé comme coupable.

Le Bouvier

Un Bouvier, paissant un troupeau de Bœufs, perdit un Veau.

Il passa son temps à parcourir tous les endroits déserts et à faire des recherches, mais il ne découvrit rien. Alors il promit à Jupiter, au cas où il trouverait le Voleur qui avait pris son Veau, de lui offrir un Chevreau en sacrifice.

Il arriva dans un bois de chênes et là il découvrit que le Veau avait été dévoré par un Lion.

Éperdu et terrifié, levant les mains au ciel, il s'écria :

– Seigneur Jupiter, je t'avais promis de te donner un Chevreau si je découvrais mon Voleur. Maintenant je te promets un taureau si j'échappe à ses coups.

Cette fable convient aux malheureux qui, en cas de perte demandent aux dieux de trouver la chose perdue et qui, l'ayant trouvée, cherchent à ne pas tenir leur promesse.

Le Bouvier et Hercule

Un Charretier emmenait d'un village un chariot qui glissa dans une fondrière. Il lui fallait du secours et il se tenait là sans rien faire, implorant Hercule. Car c'était ce dieu qu'il aimait et honorait entre tous.

Alors le dieu lui apparut et lui dit :

– Mets la main aux roues, pique tes Bœufs et ensuite implore le dieu quand à ton tour tu agiras. En attendant, ne fais pas de prières en vain.

Le Grammairien qui enseignait un Âne

Un Grammairien se glorifiait d'exceller dans son art au point que, moyennant un salaire convenable, il s'engageait à instruire non seulement des Enfants, mais même un Âne.

Le Prince, apprenant la folle témérité du personnage, lui dit :

– Si je te donnais 50 ducats, répondrais-tu de pouvoir en dix ans faire l'instruction d'un Âne ?

Dans son imprudence, il répondit qu'il acceptait la mort si, dans cet espace de temps son Âne n'arrivait pas à lire et à écrire.

Ses amis étaient étonnés de ses paroles : ils lui reprochaient de s'engager à faire une chose non seulement malaisée et difficile, mais même impossible, et ils craignaient qu'à l'expiration du délai il ne fut mis à mort par le Prince.

Il leur répondit :

– Avant le terme, ou l'Âne mourra, ou le Roi, ou moi.

Cette fable montre aux gens qui sont exposés à un danger que le délai souvent leur vient en aide.

Le Mari et sa Femme

Un Homme, dont la Femme était détestée de tous les gens de la maison, voulut savoir si elle inspirait les mêmes sentiments aux Serviteurs de son Père.

Sous un prétexte spécieux il l'envoie chez celui-ci. Peu de jours après, quand elle revint, il lui demanda comment elle était avec les gens de là-bas.

Elle répondit que les Bouviers et les Pâtres la regardaient de travers.

– Eh bien, Femme, si tu es détestée de ceux qui font sortir leurs troupeaux à l'aurore et qui ne rentrent que le soir, à quoi faudra-t-il s'attendre de la part de ceux avec qui tu passes toute la journée.

Cette fable montre que souvent on connaît les grandes choses par les petites et les choses incertaines par celles qui sont manifestes.

L'Oiseleur et lePinson

Un Oiseleur avait tendu ses filets aux Oiseaux et répandu pour eux sur l'aire une pâture abondante.

Cependant il ne prenait pas les Oiseaux en train de picorer parce qu'ils lui semblaient trop peu nombreux. Ceux-ci une fois rassasiés s'envolèrent. D'autres vinrent en quête de nourriture. Cette fois encore il dédaigna de les prendre, à cause de leur petit nombre.

Le même manège dura toute la journée : des Oiseaux survenaient, d'autres s'éloignaient et l'Homme attendait toujours une proie plus considérable. Enfin le soir commença à tomber.

Alors l'Oiseleur perdant l'espoir de faire une grande prise et songeant qu'il était l'heure de se reposer, ramassa ses filets. Il prit seulement un Pinson qui, le malheureux s'était attardé sur l'aire.

Cette fable montre que ceux qui veulent tout embrasser, bien souvent ne prennent, et à grand-peine, que peu de choses.

Le Vieillard qui voulait remettre sa mort à plus tard

Un Vieillard demandait à la Mort, qui était venue pour l'arracher à cette terre, de différer un peu jusqu'à ce qu'il eut dressé son testament et qu'il eut fait tous ses préparatifs pour un si long voyage.

Alors la Mort :

– Pourquoi ne les as-tu pas faits, toi que j'ai tant de fois averti ?

Et comme le Vieillard disait qu'il ne l'avait jamais vue, elle ajouta : ·

– Quand j'emportais jour par jour non seulement tes contemporains, dont pas un presque ne survit, mais encore des Hommes dans la force de l'âge, des Enfants, des Nourrissons, ne t'avertissais-je pas que tu étais Mortel ? Quand tu sentais ta vue s'émousser, ton ouïe s'affaiblir, tes autres sens baisser, ton corps s'alourdir, ne te disais-je pas que j'approchais ? Et tu prétends que je ne t'ai pas averti ? Allons, il ne faut pas tarder davantage.

Cette fable apprend qu'il convient de vivre comme si nous voyions la Mort devant nous.

Le Vieillard et les trois Jeunes Hommes

Alors qu'un Vieillard plantait un arbre, trois Jeunes Hommes passèrent et se moquèrent de lui :

– Quelle folie de planter un arbre à votre âge. L'arbre ne portera pas de fruits avant des années alors que vous mourrez prochainement. A quoi bon perdre votre temps à fournir du plaisir pour d'autres quand vous serez mort depuis des années ?

Le Vieil Homme interrompit son travail et dit :

– D'autres avant moi ont apporté de la joie pour moi, et il est de mon devoir de faire pareil pour ceux qui viendront après moi. En ce qui concerne la vie, qui peut en être sûr pour un seul jour ? Vous pourriez mourir tous les trois avant moi !

Les paroles du Vieil Homme se réalisèrent ; un des Jeunes Hommes partit voyager sur la mer et disparut, un autre alla à la guerre et fut tué, et le troisième tomba d'un arbre et se brisa le cou.

Nous ne devrions pas penser qu'à nous-mêmes, et nous devrions nous souvenir que la vie est incertaine.

Le Lion, le Loup et le Renard

Un Lion devenu vieux était malade et restait couché dans son antre. Pour visiter le Roi, tous les Animaux étaient venus, sauf le Renard.

Le Loup, saisissant l'occasion, accusait le Renard auprès du Lion, disant qu'il ne faisait aucun cas de leur Maître à tous et ne venait même pas le visiter.

Au même moment le Renard arriva et il entendit les derniers mots du Loup.

Le Lion rugit contre lui, mais l'autre ayant demandé à se justifier :

– Et qui donc, dit-il, de tous ceux qui sont ici t'a été utile autant que moi ? Je suis allé partout, j'ai demandé à un Médecin un remède pour toi et je l'ai obtenu.

Le Lion aussitôt lui ordonna de révéler ce remède. Alors le Renard dit :

– C'est d'écorcher vif un Loup et de revêtir sa peau chaude encore.

Et le Loup aussitôt fut étendu mort. Alors le Renard dit en riant :

– Voilà comme il faut exciter le Maître à des sentiments non de malveillance, mais de bonté.

Cette fable montre que quiconque trouve contre un autre de perfides desseins prépare un piège contre lui-même.

Le Cochon et le Renard

L'Âne ayant la charge de la Chèvre, de la Brebis et du Porc se rendait à la ville.

Comme le Renard avait entendu le Porc crier pendant tout le chemin, il lui demanda pourquoi, tandis que les autres se laissaient mener sans mot dire, il était le seul à crier.

Il répondit :

– Oui, mais moi, ce n'est pas sans raison que je me plains. Je sais en effet que le Maître épargne la Brebis qui lui donne du lait et de la laine, la Chèvre à cause de ses fromages et de ses Chevreaux, mais moi j'ignore à quoi d'autre je puis être bon. De toute façon il me tuera.

Il ne faut pas blâmer ceux qui déplorent leur propre sort, quand ils pressentent les malheurs qui leur sont réservés.

Le Lion irrité contre le Cerf qui se réjouissait de la mort de la Lionne

Un Lion avait invité tous les quadrupèdes à honorer les obsèques de sa Femme qui venait de mourir.

Pendant que tous les Animaux ressentaient à la mort de la Reine une douleur inexprimable, seul, le Cerf, à qui elle avait enlevé ses fils, étranger au chagrin, ne versait pas une larme.

Le Roi s'en aperçut. Il fait venir le Cerf pour le mettre à mort. Il lui demande pourquoi il ne pleure pas avec les autres la mort de la Reine.

– C'est ce que j'aurais fait, dit celui-ci, si elle ne me l'avait pas défendu. Quand j'approchai, son âme bienheureuse m'apparut. Elle se rendait aux demeures Élyséennes, ajoutant qu'il ne fallait pas pleurer son départ, puisqu'elle se rendait vers les parcs riants et les bois, séjour enchanté du bonheur.

À ces mots, le Lion plein de joie accorda au Cerf sa grâce. Cette fable signifie que c'est parfois le devoir d'un Homme prudent de feindre et de s'abriter de la fureur des puissants derrière une honorable excuse.

Le Chien qui ne vint pas en aide à l'Âne contre le Loup parce que l'Âne ne lui avait pas donné de pain

Un Dogue assez fort pour vaincre non seulement des Loups mais encore des Ours avait fait une longue route avec un Âne qui portait un sac plein de pain.

Chemin faisant, l'appétit vint.

L'Âne, trouvant un pré, remplit abondamment son ventre d'herbes verdoyantes.

Le Chien de son côté priait l'Âne de lui donner un peu de pain pour ne pas mourir de faim.

Mais l'autre, bien loin de lui donner du pain, le tournait en dérision et lui conseillait de brouter l'herbe avec lui.

Là-dessus, l'Âne voyant un Loup approcher, demanda au Chien de venir à son aide.

Il répondit :

– Tu m'as conseillé de paître pour apaiser ma faim, moi à mon tour je te conseille de te défendre contre le Loup avec les fers de tes sabots.

En disant ces mots, il partit, abandonnant en plein combat son ingrat compagnon condamné à servir bientôt de pâture à son ravisseur.

Cette fable montre que celui qui ne fournit pas son aide à ceux qui la réclament est d'habitude abandonné à son tour en cas de nécessité.

La cire qui voulait devenir dure

La Cire gémissait d'être molle et de céder facilement au coup le plus léger.

Voyant au contraire que les briques faites d'une argile beaucoup plus molle encore parvenaient, grâce à la chaleur du feu, à une dureté telle qu'elles duraient des siècles entiers, elle se jeta dans la flamme pour arriver à la même résistance, mais aussitôt elle fondit au feu et se consuma.

Cette fable nous avertit de ne pas rechercher ce que la nature nous refuse.

L'Homme qui avait caché son trésor en confidence de son compère

Un Homme fort riche avait enfoui un trésor dans une forêt et personne n'était dans la confidence, sauf son compère en qui il avait grande confiance.

Mais étant venu, au bout de quelques jours, visiter son trésor, il le trouva déterré et enlevé.

Il soupçonna, ce qui était vrai, que son compère l'avait soustrait. Il vint le trouver.

– Compère, dit-il, je veux à l'endroit où j'ai caché mon trésor enfouir en plus mille ducats.

Le compère, voulant gagner davantage encore, rapporta le trésor, le remit en place.

Le véritable Maître peu après arrive et le retrouve, mais il l'emporte chez lui et s'adressant à son compère :

– Homme sans foi, dit-il, ne prends pas une peine inutile pour aller voir le trésor, car tu ne le trouverais pas.

Cette fable montre combien il est facile de tromper un Avare par l'appât de l'argent.

Le Loup et les Bergers

Un Loup voyant des Bergers qui mangeaient un mouton sous une tente s'approcha :

– Quels cris vous pousseriez, dit-il, si j'en faisais autant.

L'Araignée et l'Hirondelle

L'Araignée exaspérée contre l'Hirondelle qui lui prenait les Mouches dont elle fait sa nourriture, avait pour la prendre accroché ses filets dans l'ouverture d'une porte par où l'Oiseau avait l'habitude de voler.

Mais l'Hirondelle survenant emporta dans les airs la toile avec la fileuse.

Alors l'Araignée pendue en l'air et voyant qu'elle allait périr :

– Que mon châtiment est mérité, dit-elle. Moi qui à grand effort ai peine à prendre de tout petits insectes, j'ai cru que je pourrais me saisir de si grands Oiseaux !

Cette fable nous avertit de ne rien entreprendre qui soit au-dessus de nos forces.

Le Père de famille reprochant à son Chien d'avoir laissé prendre ses Poules

Un Père de famille ayant oublié de fermer l'abri dans lequel ses Poules passaient la nuit, au lever du jour trouva que le Renard les avait toutes tuées et emportées.

Indigné contre son Chien comme s'il avait mal gardé son bien, il l'accablait de coups.

Le Chien lui dit :

– Si toi, à qui tes Poules donnaient des œufs et des poussins, tu as été négligent à fermer ta porte, quoi d'étonnant à ce que moi, qui n'en tire aucun profit, enseveli dans un profond sommeil, je n'aie pas entendu venir le Renard.

Cette fable veut dire qu'il ne faut attendre des Serviteurs de la maison aucune diligence, si le Maître lui même est négligent.

Le Vieillard décrépit qui greffait des arbres

Un jeune Homme se moquait d'un Vieillard décrépit, disant qu'il était fou de planter des arbres dont il ne verrait pas les fruits.

Le Vieillard lui dit :

– Toi non plus, de ceux que tu te prépares en ce moment à greffer tu ne cueilleras peut-être pas les fruits.

La chose ne tarda pas. Le jeune Homme, tombant d'un arbre sur lequel il était monté pour prendre des greffes, se rompit le cou.

Cette fable enseigne que la Mort est commune à tous les âges.

Le Renard voulant tuer une Poule sur ses œufs

Un Renard entré dans la maison d'un paysan trouva au nid une Poule qui couvait.

Elle le pria en ces termes :

– Ne me tue pas pour le moment, je t'en supplie. Je suis maigre. Attends un peu que mes petits soient éclos. Tu pourras les manger tendres et sans dommage pour tes dents.

Alors le Renard :

– Je ne serais pas digne, dit-il, d'être un Renard si, maintenant que j'ai faim, dans l'attente de petits qui sont encore à naître, je renonçais à un manger tout prêt. J'ai des dents solides capables de mâcher n'importe quelle viande, même la plus dure.

Là-dessus il dévora la Poule. Cette fable montre que c'est être fou que de lâcher, dans l'espoir incertain d'un grand bien, un bien présent.

Le Chat et la Perdrix.

J'avais fait mon nid (dit le Corbeau), sur un arbre auprès duquel il y avait une Perdrix de belle taille et de bonne humeur.

Nous fîmes un commerce d'amitié et nous nous entretenions souvent ensemble.

Elle s'absenta, je ne sais pour quel sujet, et demeura si longtemps sans paraître que je la croyais morte.

Néanmoins elle revint, mais elle trouva sa maison occupée par un autre Oiseau. Elle le voulut mettre dehors, mais il refusa d'en sortir disant que sa possession était juste.

La Perdrix de son côté prétendait rentrer dans son bien et tenait cette possession de nulle valeur.

Je m'employai inutilement à les accorder. À la fin la Perdrix dit :

– Il y a ici près un Chat très dévot : il jeûne tous les jours, ne fait de mal à personne et passe les nuits en prière ; nous ne saurions trouver juge plus équitable.

L'autre Oiseau y ayant consenti, ils allèrent tous deux trouver ce Chat de bien.

La curiosité de le voir m'obligea de les suivre. En entrant, je vis un Chat debout très attentif à une longue prière, sans se tourner de côté ni d'autre, ce qui me fit souvenir de ce vieux proverbe : que la longue oraison devant le monde est la clef de l'enfer.

J'admirai cette hypocrisie et j'eus la patience d'attendre que ce vénérable personnage eût fini sa prière.

Après cela, la Perdrix et sa partie s'approchèrent de lui fort respectueusement et le supplièrent d'écouter leur différend et de les juger suivant sa justice ordinaire.

Le Chat, faisant le discret, écouta le plaidoyer de l'Oiseau, puis s'adressant à la Perdrix :

– Belle Fille, ma mie, lui dit-il, je suis vieux et n'entends pas de loin ; approchez-vous et haussez votre voix afin que je ne perde pas un mot de tout ce que vous me direz.

La Perdrix et l'autre Oiseau s'approchèrent aussitôt avec confiance, le voyant si dévot, mais il se jeta sur eux et les mangea l'un après l'autre.

Le Faucon et la Poule

Un Faucon disait à une Poule :

– Vous êtes une ingrate.

– Quelle ingratitude avez-vous remarquée en moi ? répondit la Poule.

– En est-il une plus grande, reprit le Faucon, que celle que vous faites voir à l'égard des Hommes ? Ils ont un extrême soin de vous. Le jour, ils cherchent de tous côtés de quoi vous nourrir et vous engraisser, et la nuit, ils vous préparent un lieu pour dormir. Ils ont bien soin de tout fermer, de peur que votre repos ne soit interrompu par quelque autre animal, et cependant, lorsqu'ils veulent vous prendre, vous fuyez, ce que je ne fais pas, moi qui suis un Oiseau sauvage. À la moindre caresse qu'ils me font, je m'apprivoise, je me laisse prendre et je ne mange que dans leurs mains.

– Cela est vrai, répliqua la Poule, mais vous ne savez pas la cause de ma fuite : c'est que vous n'avez jamais vu de Faucon à la broche et j'ai vu des poules à toutes sortes de sauces.

J'ai rapporté cette fable pour montrer que ceux qui veulent s'attacher à la cour n'en connaissent pas les désagréments.

Le Chasseur et le Loup

Un grand Chasseur revenant un jour de la chasse avec un Daim qu'il avait pris, aperçut un Sanglier qui venait droit à lui.

– Bon, dit le Chasseur, cette bête augmentera ma provision.

Il banda son arc aussitôt et décocha sa flèche si adroitement qu'il blessa le Sanglier à mort.

Cet animal, se sentant blessé, vint avec tant de furie sur le Chasseur qu'il lui fendit le ventre avec ses défenses, de manière qu'ils tombèrent tous deux sur la place.

Dans ce temps-là il passa par cet endroit un Loup affamé qui, voyant tant de viande par terre, en eut une grande joie.

– Il ne faut pas, dit-il en lui-même, prodiguer tant de biens, mais je dois, ménageant cette bonne fortune, conserver toutes ces provisions.

Néanmoins, comme il avait faim, il en voulut manger quelque chose. Il commença par la corde de l'arc, qui était de boyau, mais il n'eut pas plus tôt coupé la corde que l'arc, qui était bien bandé, lui donna un si grand coup contre l'estomac qu'il le jeta tout raide mort sur les autres corps.

Cette fable fait voir qu'il ne faut point être avare.

L'Homme et la Couleuvre

Un feu allumé par une caravane gagne de proche en proche, et se répand autour d'une Couleuvre.

Un Homme veut la sauver en lui jetant un sac.

Celle-ci, en remerciement, cherche à tuer son sauveur.

L'Homme crie à l'ingratitude.

Le Serpent proteste.

On choisit pour arbitre la Vache. La Couleuvre lui demanda comment il fallait reconnaître un bienfait.

– Par son contraire, répondit la Vache, selon la loi des Hommes, et je sais cela par expérience. J'appartiens, ajouta-t-elle, à un Homme qui tire de moi mille profits. Je lui donne tous les ans un Veau, je fournis sa maison de lait, de beurre et de fromage, et à présent que je suis vieille et que je ne suis plus en état de lui faire du bien, il m'a mise dans ce pré pour m'engraisser, dans le dessein de me faire couper la gorge par un boucher à qui il m'a déjà vendue.

L'Homme répond qu'un témoin ne suffit pas.

On en choisit un second, l'Arbre.

L'Arbre ayant appris le sujet de leur dispute, leur dit :

– Parmi tous les Hommes les bienfaits ne sont récompensés que par des maux, et je suis un triste exemple de leur ingratitude. Je garantis les passants de l'ardeur du soleil. Oubliant toutefois bientôt le plaisir que leur a fait mon ombrage, ils coupent mes branches, en font des bâtons et des manches de cognée et, par une horrible barbarie, ils scient mon tronc pour en faire des ais. N'est-ce pas là reconnaître un bienfait reçu ?

L'Homme demande un troisième arbitre. Passe un Renard.

Il ne veut pas croire qu'une si grosse Couleuvre ait pu entrer dans un si petit sac. Il demande la preuve. La Couleuvre se prête à l'expérience. Sur le conseil du Renard, l'Homme lie le sac et le frappe tant de fois contre une pierre qu'il assomme la Couleuvre et finit par ce moyen la crainte de l'un et les disputes de l'autre.

Le Daim borgne

Un Daim borgne était accoutumé de se placer au fin bord de la falaise pour être le plus possible en sécurité. Il tournait son œil valide du côté de la prairie pour pouvoir apercevoir un chasseur ou un chien, et son œil blessé vers l'eau d'où il ne pensait pas devoir anticiper de danger.

Un Batelier qui naviguait dans les environs le vit et, par un tir adroit, le blessa mortellement.

Le Daim dit :

– O malheureuse créature que je suis, prendre autant de précautions contre la campagne, et après tout trouver le rivage, vers lequel j'étais venu me protéger, bien plus périlleux !

Le danger vient quelques fois de là où on ne l'attend pas.

Le Chien, le Coq et le Renard

Un Chien et un Coq voyageaient ensemble et prirent abris pour la nuit dans une forêt épaisse.

Le Coq se percha sur une haute branche alors que le Chien trouva un lit au pied de l'arbre. Quand l'aube se leva, le Coq, comme à son habitude, chanta à pleins poumons.

Un Renard, entendant ce chant, et voulant faire du Coq son déjeuner, vint sous les branches de l'arbre, et clama combien il désirait faire la connaissance de celui qui avait une si belle voix.

Le Coq dit :

– Seigneur, faites-moi la faveur d'aller réveiller mon portier ci-dessous afin qu'il vous ouvre la porte et vous laisse entrer.

Alors que le Renard approchait de l'arbre, le Chien bondit et l'attrapa et rapidement le mit en pièces.

Ceux qui essaient de tendre un piège sont souvent pris à leur propre jeu.

Les Lièvres et les Grenouilles

Les Lièvres, oppressés par leur excessive timidité et accablés par les alarmes perpétuelles dont ils faisaient l'objet décidèrent d'un commun accord de mettre fin à leurs vie et à leurs troubles en se jetant du haut d'un précipice dans l'eau d'un profond lac.

Alors qu'ils allaient en nombre mettre à exécution leur dessein, les Grenouilles sur les berges du lac entendirent le bruit de leurs pas, et se précipitèrent dare-dare dans l'eau profonde pour être en sécurité.

Voyant la rapide disparition des Grenouilles, un des Lièvres cria à ses compagnons :

– Restez mes amis ! Ne faites pas ce que nous avions décidé de faire ! Parce que maintenant vous voyez d'autres créatures qui vivent et sont plus timorées que nous !

Le Lion et le Sanglier

Un jour d'été, quand la grande chaleur assoiffait tout le monde, un Lion et un Sanglier arrivèrent au même moment vers un petit puits pour boire. Ils se disputèrent férocement pour savoir qui des deux devait boire en premier, et furent engagés dans les agonies d'un combat mortel.

Alors qu'ils s'arrêtèrent pour reprendre leur souffle avant de reprendre le combat, ils virent des Vautours qui attendaient au loin pour festoyer avec les restes du survivant du combat.

Ils mirent fin à leur querelle, disant :

– C'est mieux pour nous de devenir amis plutôt que de servir de repas pour les Corbeaux et les Vautours.

Ceux qui se battent sont souvent observés par d'autres qui prendront avantage de leur défaite à leur propre bénéfice.

Le Renard et le Lion

Un Renard qui n'avait jamais vu un Lion, quand il tomba inopinément sur lui dans la forêt, fut si effrayé qu'il crût mourir sur place.

Quand il le rencontra pour la seconde fois, il fut toujours épouvanté, mais pas autant que la première fois.

Quand il le rencontra pour la troisième fois, il s'enhardi au point d'aller à sa rencontre et de commencer une conversation familière avec lui.

Faire connaissance de quelqu'un adoucit les préjugés.

La Jeune Fille et le Pot au lait

Une Jeune Fille portait son Pot au lait à la ferme quand elle s'amusa :

– L'argent que me rapportera ce lait paiera au moins trois cents œufs. Les œufs, en tenant compte des mésaventures, donneront deux cents cinquante poulets. Les poulets seront bons à vendre quand la volaille atteindra son plus haut prix ; ainsi, à la fin de l'année j'aurai assez d'argent pour me payer une nouvelle jupe. Dans cet habit, j'irai au banquet de Noël que tous les jeunes hommes me proposeront, mais je secouerai ma tête et je refuserai tout à chacun.

A ce moment, elle secoua la tête à l'unisson de ses pensées, et le Pot de lait tomba et tous ses projets périrent en un instant.

Ne comptez pas vos poulets avant qu'ils ne soient éclos.

Le Taureau et le Bouc

Un Taureau qui fuyait un lion vint se réfugier dans une caverne autrefois occupée par des bergers.

Un Bouc y avait été laissé, qui l'attaqua violemment avec ses cornes.

Le Taureau s'adressa à lui calmement :

– Corne tant que tu veux, je n'ai pas peur de toi mais du lion. Laisse le monstre partir et je te montrerai qui d'un Taureau ou d'un Bouc a le plus de force.

Ceci démontre une mauvaise disposition de prendre avantage d'un ami en détresse.

Le bœuf et la grenouille

La Grenouille ayant un jour aperçu un Bœuf qui paissait dans une prairie, se flatta de pouvoir devenir aussi grosse que cet animal.

Elle fit donc de grands efforts pour enfler les rides de son corps, et demanda à ses compagnes si sa taille commençait à approcher de celle du Bœuf.

Elles lui répondirent que non.

Elle fit donc de nouveaux efforts pour s'enfler toujours de plus en plus, et demanda encore une autre fois aux Grenouilles si elle égalait à peu près la grosseur du Bœuf.

Elles lui firent la même réponse que la première fois.

La Grenouille ne changea pas pour cela de dessein ; mais la violence qu'elle se fit pour s'enfler fut si grande, qu'elle en creva sur-le-champ.

Le loup et le chien de ferme

Un Loup rencontra par hasard un Chien dans un bois, au commencement du jour.

Il se prit à le caresser et lui demander de ses nouvelles ; il le questionna sur son embonpoint.

Le Chien lui répondit que les bontés de son Maître, les soins qu'il prenait de lui l'avait mis dans le bon état où il le voyait ; car il me nourrit, ajouta-t-il, des mets de la table et des viandes dont il mange lui-même : outre cela, je dors dans un lieu couvert et tous ceux de la maison me font tout le bien qu'ils peuvent.

Ce discours inspira le Loup de s'attacher au Maître du Chien.

– Que je serais heureux de servir un Maître si commode ! Si cela m'arrivait, je croirais que ma condition serait préférable à celle de toutes les autres bêtes.

Le Chien s'offrit de le conduire à son Maître et de le féliciter en sa faveur, pourvu qu'il se relâchât un peu de sa cruauté naturelle.

Le Loup y consentit.

Leurs conventions ainsi faites, ils se mirent en chemin ; le jour était déjà grand.

Le Loup voyant que le col du Chien était tout pelé, lui en demanda la cause.

– Cela n'est rien, répliqua le Chien : pendant la nuit, j'ai la liberté toute entière, et l'on me lâche pour aboyer aux voleurs ; mais pendant le jour, on me tient à l'attache, de peur que je ne morde ceux qui entrent dans la maison de mon Maître.

Ce discours ralentit l'ardeur du Loup ; il ne témoigna plus le même empressement pour aller trouver le Maître du Chien.

– Adieu ! lui dit-il, je ne veux pas acheter à si haut prix l'amitié de ton Maître ; j'aime mieux jouir de ma liberté que de faire bonne chair dans l'esclavage.

L'Âne et l'Ânier

Un Âne conduit par un Ânier, après avoir fait un peu de chemin, quitta la route unie et prit à travers des lieux escarpés.

Comme il allait tomber dans un précipice, l'Ânier, le saisissant par la queue, essaya de le faire retourner ; mais comme l'Âne tirait vigoureusement en sens inverse, l'Ânier le lâcha et dit :

– Je te cède la victoire : car c'est une mauvaise victoire que tu remportes.

L'Alouette et ses petits

L'Alouette, avait sa nichée dans un champ de blé vert. Ses petits, bien nourris d'épis, avaient déjà la huppe et des ailes vigoureuses.

Le maitre du champ vint le visiter et, voyant que les blés étaient murs"

– Il est temps, dit-il, que je rassemble tous mes amis pour faire la moisson."

Un des petits de l'Alouette, la huppe dressée, entendit le propos et le redit a sa mère :

– Voyez, dit-il, ou vous pourrez nous mettre.

– Ce n'est pas encore, répondit l'Alouette, le moment de fuir, qui compte sur ses amis n'est pas si pressé

L'homme revint et, voyant que les rayons du soleil faisaient déjà couler les épis :

– Des salariés, dit-il, et dès demain, pour moissonner ; des salariés je ne veux que cela, pour porter les gerbes

– C est pour le coup, mes chers petits, qu'il faut décamper, dit alors l'Alouette : il ne s en remet plus a ses amis, mais a lui-même.

Il faut, autant que possible, faire ses affaires soi-même et ne pas se fier, pour en prendre à son aise, au concours de ses amis.

Le Combat des Oiseaux et des Animaux terrestres

Les Oiseaux et les Animaux terrestres se déclarèrent la guerre pour la prééminence, et pour défendre l'honneur de leur espèce.

Pour décider leur grande querelle, ils se donnèrent bataille.

La victoire se balança longtemps sans se déclarer et sans prendre parti.

La Chauve-Souris qui se persuada que les oiseaux allaient être vaincus, se rangea aux côtés des animaux terrestres.

Sa prévoyance fut trompée ; les oiseaux remportèrent une victoire complète sur leurs ennemis, contre l'attente de la Chauve-Souris, qui fut chassée de la compagnie des Oiseaux.

Elle eut tant de honte et de douleur de son infortune, que depuis ce temps-là, elle n'ose plus voler en plein jour, et ne se montre que la nuit.

Le Lion et le Loup

Un Loup ayant volé un mouton de son troupeau l'emmenait vers sa tanière.

Un Lion le rencontrant en chemin, lui prit le mouton. Le Loup, se tenant à une distance respectable lui dit :

– Tu m'as injustement pris ce qui était à moi !

Le Lion répliqua en le raillant :

– Ce qui justement était à toi ? Etait-ce un présent d'un ami ? ou l'as-tu acquis en l'achetant ? Si tu ne l'as pas eu d'une manière ou de l'autre, comment donc l'as-tu eu en ta possession ?

Un voleur ne vaut pas mieux qu'un autre voleur.

Le Chat et les Rats

Une maison était infestée de rats.

Un chat, l'ayant su, s'y rendit, et, les attrapant l'un après l'autre, il les mangeait.

Or les rats, se voyant toujours pris, s'enfonçaient dans leurs trous. Ne pouvant plus les atteindre, le chat pensa qu'il fallait imaginer quelque ruse pour les en faire sortir.

C'est pourquoi il grimpa à une cheville de bois et, s'y étant suspendu, il contrefit le mort. Mais un des rats sortant la tête pour regarder, l'aperçut et dit :

– Hé ! l'ami, quand tu serais sac, je ne t'approcherais pas.

Cette fable montre que les hommes sensés, quand ils ont éprouvé la méchanceté de certaines gens, ne se laissent plus tromper à leurs grimaces.

L'Homme et le Lion voyageant de compagnie

Un lion voyageait un jour avec un homme. Ils se vantaient à qui mieux mieux, lorsque sur le chemin ils rencontrèrent une stèle de pierre qui représentait un homme étranglant un lion. Et l'homme la montrant au lion dit : « Tu vois comme nous sommes plus forts que vous. » Le lion répondit en souriant : « Si les lions savaient sculpter, tu verrais beaucoup d'hommes sous la patte du lion. » Bien des gens se vantent en paroles d'être braves et hardis ; mais l'expérience les démasque et les confond.

Le Rat et l'Eléphant

Un Rat voyageant sur la grand'route rencontra un énorme Eléphant, portant son royal Maître, ainsi que sa suite et ses Chats, Chiens, Perroquets et Singes préférés. La grande bête et ses gardiens étaient suivis par une foule admirative tout au long de la route.

– Quels fous vous êtes, dit le Rat à la foule, de faire tout ce brouhaha pour un Eléphant ! Est-ce sa grande taille que vous admirez ? Cela ne peut qu'effrayer des fillettes et des garçonnets et je peux aussi le faire. Je suis aussi une bête comme lui, et j'ai autant de jambes, d'oreilles et d'yeux que lui. Il n'a aucun droit d'occuper à lui tout seul la route, qui m'appartient aussi bien qu'à lui.

A ce moment, le Chat qui épiait le Rat bondit et le convint aussitôt qu'il n'était pas un Eléphant.

Parce que nous sommes comme les grands par certains aspects, nous de devons pas penser être comme eux en tout.

La Souris et la Belette

Une petite Souris affamée s'était introduite avec peine dans un panier de blé où, trouvant le divertissement si bon qu'il se gava et se bourra tant que quand il voulu ressortir par le trou où il était entré, il trouva le trou trop étroit pour que son corps rebondi puisse passer.

Alors qu'elle était assise à maugréer contre son sort, une Belette qui fut attirée par ses cris s'adressa à lui :

– Stoppe là mon amie, et fuis tant que tu peux tant que tu es fine ; parce que tu ne pourras jamais ressortir tant que tu ne seras pas fine à nouveau.

L'Oie aux œufs d'or

Un homme avait une belle Oie qui pondait des œufs d'or.

Croyant qu'elle avait dans le ventre une masse d'or, il la tua et la trouva semblable aux autres poules.

Il avait espéré trouver la richesse d'un seul coup, et il s'était privé même du petit profit qu'il tenait.

Cette fable montre qu'il faut se contenter de ce qu'on a, et éviter la cupidité insatiable.

Le Renard et le Masque

Un renard s'étant glissé dans la maison d'un acteur, fouilla successivement toutes ses hardes, et trouva, entre autres objets, une tête de masque artistement travaillée. Il la prit dans ses pattes et dit :

– Oh ! quelle tête ! mais elle n'a pas de cervelle.

Cette fable convient aux hommes magnifiques de corps, mais pauvres de jugement.

Les deux Chèvres

Deux Chèvres voyageant rencontrèrent un Ruisseau qui n'avait pour pont qu'une planche.

Vers le milieu, aucune des deux ne voulut céder le pas, et toutes deux, faute de reculer, tombèrent dans l'eau.

Cet accident n'est point nouveau sur le chemin de la fortune.

Le Cheval et le Lion

Un vieux Lion affamé aurait bien voulu faire curée d'un jeune et joli Cheval qu'il voyait devant lui ; mais sachant bien que le Cheval courait beaucoup plus vite que lui, il s'avisa de contrefaire le médecin. Le Cheval s'apercevant de la ruse, dit au Lion que, passant par un ballier[9], il lui était entré une épine au pied.

– Levez un peu la jambe, dit le Lion, je vous la tirerai.

Le Cheval le voyant dans la posture qu'il souhaitait lui détacha une si terrible ruade au milieu de la tête qu'il l'étendit par terre.

Qui mal pense, mal lui en vient.

---

[9]*Ballier = Lieu d'une grange où l'on rassemble toutes les menues pailles provenant du battage.*

Le Fermier et le Cygne

Un Fermier tenait un Cygne, et croyait tenir une Oie.

Comme il allait lui couper la gorge, le Cygne chanta ; et l'Homme qui le reconnut à la voix, retira aussitôt le couteau.

– Cygne, lui dit-il en le caressant, aux dieux ne plaise que j'ôte la vie à qui chante si bien.

La Femme qui tond sa Brebis

Une Femme tondait sa Brebis, ou pour mieux dire l'écorchait, tant elle s'y prenait mal.

Cependant la Brebis lui criait :

– Et de grâce, si vous voulez avoir ma peau, mandez le boucher; mais si vous n'en voulez qu'à ma laine, faites venir le tondeur.

La Tortue et l'Aigle

La Tortue mal satisfaite de sa condition, et ennuyée de ramper toujours à terre, souhaita devenir Oiseau, et pria très instamment l'Aigle de lui apprendre à voler.

L'Aigle s'en défendit d'abord, lui représentant qu'elle demandait une chose contraire à son tempérament ; cependant se laissant vaincre par les prières de la Tortue, il la prit entre ses serres et l'enleva ; et l'ayant lâchée au milieu des airs, elle tomba sur une pointe de rocher, se brisa le corps, et mourut de cette chute.

Table des matières

http://www.editions-la-tonnelle.com

Printed in Great Britain
by Amazon